月下 著

弄瞎我的眼睛
我还能看见你

Wuhan University Press
武汉大学出版社

图书在版编目(CIP)数据

弄瞎我的眼睛，我还能看见你/月下著. —武汉：武汉大学出版社，
2016.3（2019.8重印）

ISBN 978-7-307-17376-7

Ⅰ.弄… Ⅱ.月… Ⅲ.女性－名人－生平事迹－世界 Ⅳ.K818.5

中国版本图书馆CIP数据核字（2015）第295051号

责任编辑：高瑞贤　　　责任校对：叶青梧　　　内文制作：刘珍珍

出版发行：**武汉大学出版社** （430072　武昌　珞珈山）
　　　　　（电子邮箱：cbs22@whu.edu.cn　网址：www.wdp.com.cn）
印刷：阳谷毕升印务有限公司
开本：880×1230　1/32　　印张：8.25　　字数：148千字
版次：2016年3月第1版　　2019年8月第2次印刷
ISBN 978-7-307-17376-7　　定价：45.00元

自序 | 因独立而完整，
因自由而健康

　　自由女神像是法国在1876年赠送给美国独立
100周年的礼物。这样的创意大概也只有法国人才
能想到，他们对自由的重视远远超过对道德的维
护，最早认识到道学家们作为枷锁对人性的扼杀。
从平等到独立到自由，这是文明进步的标志，种

族，阶级，性别。其中性别是最最原始的分化，最自然的形成，多少年来，对女性的压制以至于让女性自身都认为自己是"第二性"，波伏瓦看清了这个问题，杜拉斯践踏了这个规约，伍尔夫否定了这个定理。女性主义如雨后春笋，在法国先冒了芽，然后波及英美，再艰难地传入中国。

中国的女性，在一种虚假的局限的平等中寻求自由，已经极端"物化"的女人把物质的积聚当作自由的获得，把对男性的控制当作对平等的获得，而大多数没有获得的女性把这些当作目标，忧心忡忡，疑神疑鬼，成了感情的奴隶，物质的奴隶。没有心灵的自由，从来不成其为完整的人，她们仍旧是附庸。就像在博客上那些自诩成熟的女人，炫耀自己的男人如何听话，如何成功；而另外一些女人，则在抱怨男人的窝囊、花心、不负责任。她们的重心仍旧是男人，她们不懂得自己也是一个完整的人。这也是《蜗居》《宫心计》《婚姻保卫战》等庸俗片子大肆盛行的原因，像一句电影台词：走得太快，灵魂跟不上了。

这些传统女性（即使在现代社会，婚姻也被大多数人视为最高幸福）自己不自由，视"妻子"为唯一职业，还要把那些自尊自爱追求独立的女子拉下来与她们一起受奴役，否则就被称为

"出格"，被看作"异类"，被抨击，被防备。或者无论事业多成功但未成为"妻子"就要领受怜悯的目光。

当然，爱情是美好的。独立不意味着敌对，自由不意味着自私。伍尔夫在强调女性要"成为自己"的时候，不代表愤怒地与压迫她们的社会切断联系，与导致女性丧失主体意识的男性断绝关系，而是向社会开放，与男性联结，她觉得最正常、最适合的状态是男性和女性这两种力量在一起和谐地生活和工作。

爱情，当然要的。

但是，在中国这片爱情稀缺的土地上，追求爱情的姿势就显得有些尴尬和无奈了。

比如，我看《聊斋》：

看得多了，就成了同一个故事。一个书生，一个狐妖，狐妖不能留下，临走再为书生送来一美女，书生见了美女就忘了狐妖，然后和和美美地过日子（总是这样，来来去去，每次都是美艳不可方物，每次都是从此知足，怪不得有朋友说中国文人自古缺乏终极价值追寻的精神，不是黄金屋便是颜如玉，最多是为民请命）。

因循到现在，几乎所有的电视剧都是这样安排，两个男人喜欢一个女人，最后女人只能跟其中某个男人，编剧像天神一样在途中顺手拉入另一个，似乎要表明谁都不偏向，他有你也有。而每每，这个男人很听编剧的话，很快便移情了。或者相反，两个女人一个男人，又或者，一个男人死了，剩下的便顺理成章了。所以我很少看电视剧，但在两个朋友的竭力推荐下我只能去看看韩剧《来自星星的你》。因为情节拖沓，像以往一样忍不住去看最后一集，我以为男主一定是死了或者去了别的星球，次男主理所当然地得到了女主，男主临走还拜托次男主好好照顾女主，但却不是像中国传统习俗一样无私奉献，人家说："但别乘虚而入。"面对爱情的阻隔，她一直在等，他一次次努力在地球重现，原来真正的爱情是没有借口的，爱你，便和你在一起，这不但是疼惜你没有我的日子，更是没有你的日子我自己的无法忍受。都敏俊说："我在另一个星球，一个人，就算活得再久又有什么意思。"爱情没有退而求其次，假若一个人不能和你在一起，他说一百个一千个一万个理由都是借口，答案只有一个：就是他不够爱你。中国人总是能够理顺自己的心，没了红玫瑰，白玫瑰也可以，不像西方人，决绝、彻底，以死相搏。现实、懦弱倒在其次，其实还是张爱玲早就看透的，中国是一个爱情荒芜的国度。中国人根本不懂爱情。自古少的是梁祝（似乎梁祝还只是戏），多的是"有个女人就行了"，有点贤德，有点美色，皆可。

前段时间看一些修佛的帖子还在讲：婚姻不是你个人的事，是关系到国家社会的安定，关系到家族子嗣传承的大事。根本不关爱情什么事，甚至说，爱情是扰乱婚姻的因素，因为它会变，不稳定，扰乱人心。以至于如今离婚率飙升，甚至一位对佛教特别虔信的姐姐还在说女人应该服从男人（言外之意就是女人不应该有自我，不应该有脑子。巴尔扎克说：这种排除了爱情的制度必然导致女性去通奸。他劝告丈夫严加看管妻子，如果丈夫想避免名誉受损的可笑场面的话。不要让女人受教育和有文化，必须禁止她去做一切能让她发展个性的事……难道我们还停留在19世纪？）。

像现有的娱乐节目《非诚勿扰》，现有的婚姻模式，现有的爱情游戏，都只是在上演一出出聊斋而已。把占有欲当爱情，把婚姻当保障。

记得鲁娃写的一篇小说，《寻找三色旗》。法国人是爱情最大，胜过生命。这篇小说聪明的对答，机智的回应，在法国那所尊贵的公寓里上演具有中国特色的夫妻冷战情节，倒是有趣得很。

"你知道吗？是索邦，法国最好的大学。"魏明说。

"我哪敢知道啊，不就是专等着你来个最后通牒。"她答道。

魏明回到家里，拄着拐棍提了一条打了石膏的腿（一个人去滑雪摔伤了腿），样子已经够滑稽了却偏偏面前站了一个穿着他睡衣睡裤拖鞋的法国男人——一个"克洛侠"（乞丐）或者说是同行，律师。"这么说来你不是来讨论案子的。"魏明简直是搬石头砸自己的脚。那个法国男人多马笑起来，"您不是想问我会不会带您的妻子私奔吧。如果她愿意，我会的，我喜欢与她在一起，就这么简单。"

"我想我不用提醒你吧，她是我的妻子，我爱她。"魏明被激怒了。

"您虚伪，如果你爱她就不会留她一个人过圣诞了。"多马仍旧微笑着。

　　我猜测此处是鲁娃故意借多马之口指出中国男人的通病：虚伪！的确，鲁娃一再地强调作为中国男人，农民出身的中国男人的种种劣根性，"脱下那层绅士的皮，也还是个农民。"她的好友黎倩倩说；"一个中国式的于连。"她的母亲说。直到最后连她自己也开始讨厌魏明。她鄙视他因了自己那点小成绩而沾沾自喜，地位、身份、房子，明哲保身，绝不会为了什么朋友或者正义去打一场官司；而此时魏明也厌恶了她，他说："十多年在一条船里撑，都是看走了眼。"他又说："你觉得我像是有快感吗？哭还来不及呢！"（这就是典型的中国式婚姻）

　　她离开了魏明，这场中国式的以爱情为前提的婚姻在法国告一段落。有时候会想，如果她不是在法国，而是在中国，这场婚姻会不会这么简单地结束？那个独立的女子会不会去思考生命的价值，爱情的真谛？中国会不会有一个多马给她另外的选择？

　　人类异化为物，扭曲，病态，失去了自然的健康的美，比动物更具动物性的人类却要受制于法律，规范，传统，人类给自己缚上神圣的枷锁，尤其是女人，还要受制于男人，受制于婚姻，甚至受制于女人。总有那么几个人在浩浩荡荡的沉睡中苏醒，比如萨特和波伏瓦，他们的协议式结合模式引领了以浪漫著称的法国男女的婚姻模式，这个国家于1999年通过了一项"亚婚姻"立法：男女只需正式办理契约合同而不用办理结婚手续，即可以成为契约式生活伴侣。

Camille · Claudel

卡米耶·克洛岱尔

卡米耶

一 半 童 贞 美 ， 一 半 成 人 伤

//

　　"这样的女子，很痴情，但也很麻烦。"我指着《大话西游》里的紫霞仙子对一个朋友说。他说他想要的爱情是与一个女子一起死去，我想，爱到愿意同死的地步就没有必要去死了，与有情人做快乐事，岂不更美，我望着他那嬉笑的眼睛才觉得上了当，他想要的不是一起死去，而是一个爱他爱到要为他去死的女

子，只有这样的女子才能给占有欲过强的他们这一类男人所渴求的激情，给予他们那颗贪婪的心以充分享受。外表沉静优雅，内心却狂热似火——

卡米耶就是这样的女子，内心激烈，带着势如破竹的力量，刺戳着男人懦弱又贪婪的内心，他们躲无可躲，只好狗急跳墙般地全部摒弃。

罗丹是一个内心脆弱且极度缺乏安全感的人，在卡米耶面前，他几乎是恼羞成怒地退避了。摆出一副赢家的嘴脸，其实最后输得很难看，他的选择兆示着他的浮泛和懦弱的心性。他觉得自己只能与一味退让的萝丝匹配而不能与聪慧尖锐的卡米耶并行，他已经老了，或者说他从一开始就老了，拖着疲惫的身躯对青春的力量既畏惧又好奇。

照片上的罗丹胡须浓密，体格强健，给人一种专注、威严的感觉，但也隐隐地透露出一种忧虑。据说他的童年是很压抑的，父亲老来得子，对他非常器重和宠爱，希望他能够成为警官，他却喜欢鼓捣一些当时看来属于下三滥的东西，学习成绩极差，父亲越来越失望，动辄便拳打脚踢，企图矫枉过正，这让他从小就

奥古斯特·罗丹（Auguste Rodin, 1840-1917）

觉得自卑、恐惧、缺乏安全感，以至于患上了一种叫作强迫症的心理疾病，他严格把控自己，事事要求完美，看起来似乎很自信，然而内心是极不安的，因为一个真正自信的人不需要这么谨小慎微，会表现得更加洒落。

　　罗丹可能就是被这种不安推动着去征服世界，征服女人。在雕塑界他成了大师，而他占有过的女人也不计其数，所以卡米耶最终不过是他占有的其中的一个，但卡米耶却向他要求爱情。她不知道他这类人是不懂得或者经不起爱情的，尤其是激烈的爱情。

卡米耶·克洛岱尔是早期女权主义者，却成了被男性及艺术等级世界所迫害的牺牲者，坚定地表达自身欲望，相对于萝丝而言，她代表着一种觉醒。

1883年，十九岁的卡米耶被老师布歇先生托付给罗丹，卡米耶向罗丹要了一块大理石，她想为弟弟保罗雕刻一尊半身像。在这个家里，除了父亲，卡米耶最爱的就是弟弟保罗了，他虽然还很年轻，却能写出不同凡响的好诗。为了感谢罗丹，她同时雕刻了一只青筋微露的脚送给了罗丹，这个作品让罗丹当即决定让卡米耶做他的助手，参加美术馆纪念门厅的大型雕塑工作。

那天，卡米耶正在脚手架上工作，无意中瞥见罗丹用暧昧的动作摆弄他面前体态丰腴的裸体女模特，卡米耶惊呆了，她晚上回到家里，对弟弟保罗说，她不想再去罗丹那里了。

第二天，她果然没有来，罗丹一早就打听卡米耶的消息，他的助手建议再雇一个，罗丹说："不！"他亲自去找卡米耶，那

卡米耶在工作室

时候他已经感觉出，卡米耶是无可替代的。罗丹的登门拜访使卡米耶心中的不满消散无踪，她又回到了罗丹的工作室。当她为裸体模特摆姿势时，罗丹看出自己花了许多年才弄通的东西，卡米耶无师自通了。

那个时候上帝并不怎么眷顾罗丹，他的生命在嘲讽和攻击中行进着，灵感近乎枯竭，再加上雨果的死，他感到生命正在枯竭，面对模特毫无灵感。或许是看到了他眼神中的枯寂和孤独，卡米耶代替了裸体模特。

她丰润如白玉的身体和青春的朝气重新燃起了罗丹的激情，他情不自禁触摸她，狂吻她，他们谈论艺术，讨论雕塑问题，也做爱（似乎艺术家的灵感时常要靠女人的身体来激发，不知道这是不是一种借口），她成了他的缪斯女神。卡米耶既是一个美好的情人，又是一个智性的伙伴，她的存在修正了罗丹对女性的看法，以女性为题材的作品也多起来，罗丹的艺术创造力有突飞猛进之势。他身边形形色色的女人来了又去，只有卡米耶突显成一个重要的角色。

但卡米耶没有料到，日后罗丹会给她的生活和创作带来烦恼和痛苦——甚至是灾难。起初她在罗丹的工作室为他无休止地工作，充当罗丹一件件作品的模特，像《加莱义民》《地狱之门》和《沉思》，后来罗丹功成名就，工作室的订单接踵而来，罗丹因为名气不得不为交际和应酬付出代价，此时他已很少参与石坯粗刻等最初几轮工序。擅长精致地雕刻大理石的卡米耶与罗丹共同完成订单任务，但以她署名的作品很少，至今流传下来的罗丹的作品里有多少卡米耶的心血不得而知，但是无疑，他们是互相影响的，比如罗丹的《加莱义民》和卡米耶的《手持麦穗的女郎》几乎是相同的雕塑，因为是同时创作的，没人分得清到底是谁抄袭了谁。

卡米耶与罗丹的关系进一步升华，罗丹想操控卡米耶的灵感和思想，而卡米耶也想融入罗丹的生命，这一时期是甜蜜的，从罗丹的作品《永恒的春天》《吻》《亚当》和《夏娃》可以看出来，他所焕发的青春以及她所彰显的活力都融入到他的作品中。《吻》中的女性自然是卡米耶，男人大部分是罗丹的自画像，这件作品取材于但丁的《神曲》里所描写的弗朗切斯卡与保罗的爱情悲剧，罗丹取用这一题材并以更加坦荡的形式，塑造了不顾一切世俗诽谤的一对情侣，在幽会中热烈接吻的瞬间。里尔克说："情侣的热吻给人一种遍布整个雕塑的感觉，就如同太阳升起，阳光洒落到每个角落。"

　　从《吻》这件雕塑可以看出，他压迫性的力量，她在竭力向上支撑。

　　与罗丹在一起这十年间，卡米耶很少把精力花在自己童年时的梦想上，鲜有自己的创作，一直宠爱她支持她雕塑事业的父亲感到了不安，他提醒卡米耶不能仅为罗丹而活，不该过多地与罗丹抛头露面，他在担忧她的未来，不只是事业上的，还有生活上的，因为罗丹有一个相伴几十年的伴侣萝丝，虽然没有正式结婚，但如家人一样，他们还有一个儿子，他怕她陷进爱情的旋涡，受到伤害。记得有一次，父亲回家，卡米耶去车站接他，进家门之前，父亲塞给女儿一些钱，这一幕让正站在楼上窗口张望的母亲看见了，母亲哭哭啼啼地把自己关进里屋，骂家里人合起来骗她，为了一个疯疯癫癫玩泥巴的傻瓜，大家一起受罪。母亲既不理解也不支持她的梦想，甚至对卡米耶有些冷淡。

　　卡米耶为了罗丹几乎与家人闹翻，她很少回家，住进了罗丹在巴黎近郊买下的佩安园，这个临时的家更像个工场，她在这里拼命地干活，把满腔的热情和灵感都献给了罗丹，沉浸在这个与

卡米耶的作品《维特姆诺斯和波莫纳》

世隔绝的小家里，很少与家人和朋友联络。

克洛岱尔全家要去维洛夫度假，父亲不顾女儿的反对邀请了罗丹夫妇。罗丹应邀而来也是为了让卡米耶尽快返回巴黎，因为他要雕刻雨果和巴尔扎克像，他需要卡米耶带给他灵感，让他能够把这两位大师的神韵展现在各自的脸上。

当罗丹夫妇出现的时候，卡米耶发现，萝丝才是人们眼中罗丹的伴侣。而萝丝也对卡米耶产生了嫉恨，她歇斯底里地烙伤了怀孕的卡米耶，并将她赶出罗丹的工作室，卡米耶却并没像个泼妇一样去争夺，而是要罗丹自己做出选择，罗丹思虑着说，他不能像打发仆人一样赶走萝丝，"她像只小动物一样地依赖我。"他希望能保持现状，卡米耶只能做他的情人，此时卡米耶才意识到父亲的话是多么中肯，罗丹对她没有尊重，没有把她当成一个平等的人来看待，他从来不付工资，也没有付做模特的酬劳，看起来就像供养情妇。他给予她的位置，给予她的这种形式激怒了她，卡米耶终于在1898年正式与罗丹分手。

天才的女人需要灵魂的撞击，罗丹就是卡米耶遇到的灵魂，而艺术家处处寻找美，卡米耶就是美的化身，但是灵魂击中是一生一世的事情，而美的冲击只是暂时的迷恋，所以两个人的感情从一开始就是不对等的，罗丹是卡米耶一生的劫难，卡米耶只是罗丹生命激情的一个阶段。

原本以卡米耶的个性和才华，她会拥有杰出的艺术成就，却在爱情上摔了跤，再难以爬起来，至情至性的人，从来不是以理智为生活准则的，所以没有控制自己情绪的能力。任其疯狂，哪里还有做事的精力。生为女子，卡米耶是渴望正常的完整的温暖的家庭生活的，她试图将精神性生命之爱转化成生活之爱，可是她输了。精神性生活和物质性生活同等重要，有几个人能坚强到只生活在空中楼阁？作为人，都需要精神上的安慰，也需要感情上的安慰，需要真诚的踏实的有尊严的陪伴，但是卡米耶生命的激情之火被生活冰冷的泪水淹灭了。为情所伤的人，很容易叫人心疼，所有旁观者的安慰都没有用处，都是无关痛痒道不着正题，都是风凉话般的高调。

痛苦和耻辱让卡米耶扑进父亲的怀里哭泣，她曾是父亲的希望，她却让他失望了。

家人为了她的雕塑梦搬迁到巴黎，如今又搬回了维尔纳夫，

弟弟保罗远走他乡，整个世界都弃她而去了。卡米耶把自己关在
屋子里，像一座雕塑般，木木的。时间能够治愈的伤口算不上伤
口，卡米耶的痛苦不仅是失去爱人的痛苦，还有自尊被践踏的耻
辱，幸好她还有雕塑。

只有雕塑不会抛弃她，她像抓住救命稻草般开始埋头雕塑。

也许她一直需要的是父亲这样的溺爱，但是罗丹却不可能也
没有能力像父亲那样让她依赖，他对情人是征服和占有，而这些
都不是爱。罗丹对卡米耶充满激情，因为他可以把她征服。但在
激情之外，罗丹需要被人照顾，卡米耶给不了他，只有萝丝才可
以永远包容他，照顾他。他的自私需要无私来填充。

当卡米耶能够燃起他的创作激情的时候，他就源源不断地索
取，当她要求得到相应的回报时，他唯有退缩。她把才华与感情
投注在他的身上，过于孤注一掷，所以结局很惨，当她企图自救
的时候，为时已晚。虽然与罗丹决裂，但是她并没有走出感情的
阴影，仍旧在自己的情绪沼泽里流荡，她的作品《祈祷者》《哀
求》《吹长笛者》带着一种凄婉情愫，而《命运之神克劳索》
《波尔修斯和蛇发女妖》又透露着仇恨和挣扎。

卡米耶的雕塑中只有恨、痛苦与折磨。雕刻不再是她艺术上的享受，反而成为宣泄的工具。她选择离开是为了自尊的缘故，但是情感的力量太强大了，吞没了她的自我，有人评价说她只凭一股悲愤的力量创作出来的作品没有上升到对整个生命的洞悉，缺乏人性的灵光。但是我认为悲愤的力量达到极致的时候，也能创作出个性的东西，痛苦凝结成的扭曲变形的造型也是一种自我的表达，她竭力表现自我，虽然有些空乏无力，但也有可取的价值存在着。

在曾经深爱着卡米耶的音乐家德彪西（因为罗丹的嫉妒，他们终止了彼此的关系）的帮助下，她的作品终于正式展出了。不知为何，在展会上，她故意打扮成萝丝一样的庸俗女人，浓妆艳抹，或许这也是痛苦的宣泄，是行为艺术。人们对这些扭曲变形的作品毁誉参半，赞誉的那一部分归功于罗丹，这又是一个打击，正如弟弟保罗所料："罗丹做梦，你做工。"她再次孤独地躲进自己的世界。

在你放弃他的时候，他又会偶尔记起你的好，所以罗丹登门，但是这种登门拜访并不是勾起了他的爱意，而仅仅是来此缅怀一下，卡米耶果断地把他拒之门外，此时的她已疲弱不堪，经不起风吹草动。

巴尔扎克全身像的成功，使罗丹再次想起了卡米耶，他又来登门，男人就是这样，他们以为别人爱他会永远爱他，他可以随时利用一下这爱，却不能体会恨的感觉，所以对陷入疯狂的卡米耶的谩骂很是吃惊。

卡米耶真是疯了，她怀疑自己所有的不幸都是罗丹在搞鬼，当房东提出要收回房子时，卡米耶悲愤地冲到罗丹家，用石头砸他的门窗，吼叫道："罗丹，从你的狗窝里给我滚出来，我究竟爱你什么呀！"

卡米耶成了罗丹的竞争对手，她的创作灵感非常旺盛，而罗丹却枯竭苦坐，他失去了她，却没想过这样的后果，她再不能被他驾驭，他感到前所未有的嫉妒。当世人指责卡米耶时，他保持缄默，不但如此，他还直白地剽窃卡米耶的作品，所以她对他的愤恨到了崩溃的边缘。

卡米耶得了妄想症，她曾经美丽的脸变得扭曲，只剩下了慌张的神色，她以为罗丹要迫害她，以为来买她作品的人是罗丹派来的，她大喊大叫，装出强悍的样子来掩饰内心的恐惧，她用大锤毁了自己所有的作品，把当初为罗丹制作的独脚雕塑扔进了塞纳河。

1913年，父亲离世，但没有一个人告诉她这个消息。不久，卡米耶经医院鉴定患了严重的精神分裂症，由母亲签署，把她送进了精神病院。母亲在给精神病院院长的信中说："是她自己宣判了自己的死刑。"卡米耶在精神病院里，一次次恳切地给弟弟保罗写信，希望能早日离开这个折磨人的地方："别把我扔到这儿，我多么想回家和你们住在一起，看好我的东西不要落到罗丹手里，他很害怕我出去，并会千方百计地阻挠。我好想回家。你被流放的姐姐。"她最终还是在院内度过了三十年的凄凉余生。

在当时的法国，雕塑事业是男人的艺术，所以卡米耶不被重视，而且她不善于交际，所以默默无闻的处境把她带入一片死寂，她的作品也一直在表现这个主题，内心的孤独感。经历了人生的沧桑，她不免怀念童年生活，在大自然的寂静里捕捉生命鲜活存在的瞬间。其实她与罗丹有很大的不同，罗丹表现理念的东西，卡米耶表现原生生活，她在变化中寻找永恒。艺术批评家阿斯兰曾经说过："尽管不是同时雕塑完成的模特儿、也不是同一个年龄段的保罗，但是它们具有同样的眼神、同样的力量和同样的信念，这个女人的观察具有奇妙的穿透力。"卡米耶在雕塑中能够从素材中抽取永恒的东西，把不同的东西融合成一个整体，使作品简洁、平衡。

她与弟弟保罗在语辞学艺术上有共通之处，他们看到了对立面的和谐，外在与内在的交融。

卡米耶的雕塑以人物为主，起先是受法国画家布雪的影响，结构平衡，人物表情内敛，后来与罗丹认识后，主要创作两性情爱的作品，如《华尔兹》中人物身体大幅度偏离重心的舞姿诠释着圆舞曲的旋律，将舞曲中情侣沉醉的感觉表现得淋漓尽致，也见出两人相爱时的甜蜜时光。

她的《成熟年代》创作于与罗丹感情结束之时，作品中跪下的女子是卡米耶请求罗丹不要离开的一幕，生动地勾勒出他们的一段情感纠葛。

卡米耶的奋争始终没有让她成为一个独立出罗丹阴影的人，现在人们提起她时总是冠以"罗丹的情人"，连布鲁诺·努坦执导的电影《camille claudel》在中国也被译作《罗丹的情人》，影片中，在卡米耶·克洛岱尔的最后一次作品展示会上，她装饰华丽妖异，满脸厚厚的脂粉，无助绝望的眼神穿过人群，却只找到惊愕和茫然，"无可比拟的绝代佳人般的漂亮前额，美丽无双的深蓝色眼睛，性感却又倔傲倔强的大嘴。除了小说封面画中的人物的眼里以外，你很难再在别处找到那样的蓝色……身披美丽和天才交织成的灿烂光芒，带着那种经常出现的，甚至可以称得上是残酷的巨大力量。"这是卡米耶的弟弟对她姐姐的描述：这样的美丽，她曾经尝试用这样的美丽来守住爱情，却最终束缚了自己。

有人说："婚姻的胜者是罗丹24岁时结识的萝丝，50年后她得到了一纸婚约。生活的败者是罗丹40岁时遇见的卡米耶·克洛岱尔，15年后他们形同陌路。"那一纸婚约是用多少屈辱换来的，只是对于萝丝这样的女人，是感受不到屈辱的，何况这婚约从来不代表爱情，或许可以说是恩情，她的付出总算有了回报。罗丹说：总不能像个女佣一样把她踢开吧。如此交换是卡米耶做不到的，她可以在艺术中献身，却不可以在爱情中献身。她要求平等，她看到了他的改变，她鄙视他。

卡米耶是最让我觉得心痛的女子，以至于多年来想写她而不敢写，我怕一下笔，痛苦便决堤，牵扯到我的小说，不能控制的愤怒会让我无法理智地去观照她和罗丹的这段关系。

爱情和理想曾经是我生命的两大主题，很多年以后，我像那个《地图上的年轮》中的女子一样淡漠地想起时，一切都不再值得一提，太沧桑的记忆仿佛前尘梦境，已经失了真。但是我仍旧在思索：

当一个女人疯狂地爱上一个并不爱她的男人时，她该如何自救？似乎从来没有自救的方法，全都是飞蛾扑火，自取灭亡了，存活下来的大多是那些浮游的或贞静的不够爱的女子，所以，这似乎成了无法解决的问题。像哈姆雷特一样，徘徊在to be or not to be之间，不行动，看透的人总是不行动，尼采说的。也许我们应该看透，跳出爱情，站在高处，去看明白这一切是多么虚妄。

当罗丹在遗嘱中说，要给卡米耶留一展厅时，我流下了眼泪，为这最后的"施舍"。

为爱情而失去自我的女子总不能让我喜欢，但是卡米耶却让我一次次流下眼泪。比如当她在精神病院里写信给弟弟说"我的小保罗，你在五月底会来看我吗 ”时。她曾为爱情痴狂，却从未卑微。她是凌厉的，有孤注一掷的叛逆和狂傲。这是一种人格的力量，一种爱的力量。如此结局并不是她的错，而是时代的错，世界的错，男人的错；而是"错误的时代错误的地点，当这个世界还没有准备好，一个女天才便突然降世了。如果早一点她就能像乔治·桑那样以浪漫主义为保护，更自由地生活。如果再晚一些的话她也会碰上20世纪20年代的革命变革。她就是生在那样一个让人尴尬的时代，一个不小心便跌进了深渊，烟花散尽也不过是一场寂寞的表演罢了。"

George · Sand

乔治 · 桑

乔治·桑

把 你 的 心 给 我 一 小 部 分 ，
把 我 的 整 个 拿 去

///

　　一个朋友不无酸楚地说：女人更容易出名，写点东西就让人觉得很了不起。其实这并不是对女人的额外优待而是潜在的歧视，似乎女人就是没有头脑没有创造力的族群，能写作就让男人惊诧了。在现代社会存有这种想法是很幼稚的，但是这种想法之所以根深蒂固并不是没有缘由的，遍翻文学史，无论是西方还是东方，女诗人和女作家与一长串的男性作家相比，确实少得可怜。19世纪的法国，出现了一个乔治·桑。

雨果曾评价："她在我们这个时代具有独一无二的地位。特别是，其他伟人都是男子，唯独她是女性"，且是一位独具风情的另类女性。"乔治·桑"本是一个男人的名字，她原名叫奥罗尔·杜邦，为了行事方便，出入公众场合，也为了避免众人对女作家的诟病，她给自己取了一个男性名字。她喜欢穿长裤，一身男人的装扮。她喝烈酒，抽雪茄，骑骏马，周旋于众追随者中间。

奥罗尔的父亲是拿破仑部下军官杜邦，母亲是波希米亚人，曾做过皇宫里的服装工人。她四岁的时候父亲坠马身亡，母亲迫于生计沦落风尘，祖母怕有过风尘史的母亲带坏了小奥罗尔，就把她接到乡下诺昂住。祖母是萨克斯元帅的私生女，她一心想把孙女培养成淑女，十三岁时就把她送进巴黎修道院。奥罗尔是贵族血统和平民基因的混合体，所以她从小就有了民主信念，她曾经写道："我是贵族父亲和波希米亚母亲的女儿。我将和奴隶、波希米亚人站在一起，而不是与国王和他们的走狗们在一起。"

怀着对爱情和婚姻美好的憧憬，十八岁的奥罗尔与贵族青年卡西米尔·杜德望结婚，她成了男爵夫人。但是杜德望平庸乏味，与浪漫多情的奥罗尔不相和谐，她很快就厌倦了他。虽然在当时的法国婚外情成为时尚，但是像她这样丢下丈夫，带着两个孩子与情人一起到巴黎生活的女子却几乎没有，她的"离婚"属于创举，有惊世骇俗的味道——那个时候法国上流社会还是很虚伪的。

1832年，奥罗尔在巴黎很快出版了第一部小说《安蒂亚娜》，她就成了作家乔治·桑。她是以稿费为生的最早的女作家之一。乔治·桑的文采很快引起巴黎文化界的注意，她身边经常围绕着许多追随者，有诗人缪塞，作曲家兼钢琴家肖邦和李斯特，文学家福楼拜、雨果、梅里美、屠格涅夫、戈蒂耶、小仲马和巴尔扎克，画家德拉克洛瓦、柯罗……甚至包括拿破仑的小弟弟热罗姆·波拿巴亲王。其中有些人成为她的情人，她在继承祖母的诺昂镇庄园里接待这些高朋，所谓物以类聚，也可见出乔治·桑的文化层次。

曾经有一段时间，她同时有四个情人，所以，她也曾被人们指责为放荡、叛逆，乔治·桑却说，一个像她这样感情丰富的女性，同时拥有四个情人并不算多。她借自己的作品公开宣称：

"婚姻迟早会被废除。一种更人道的关系将代替婚姻关系来繁衍后代。一个男人和一个女人既可生儿育女，又不互相束缚对方的自由。"

乔治·桑蔑视传统、崇尚自由，不为成规所束缚，那还是在"女权"这个词并未成形的年代，她的思想在如今这个时代也是超前的。

她最著名的两段感情是与浪漫主义诗人阿尔弗雷德·缪塞的纠缠，与音乐大师肖邦的缱绻。

在爱情中，越投入伤害就越大，越投入就越在乎。越在乎，就越抓住细枝末节不放。纠结，撕扯，质问，争吵，报复，背叛，结束，再轮回。仿佛存在着一个临界点，每个在爱情中沉沦的人都要达到这个点，或者越过去了，或者失败而返。写小说的人还会靠理智生活，写诗的人则完全靠感觉了。缪塞的神经质和歇斯底里几乎像喝醉了酒一样疯狂，倒是乔治·桑顾及了秩序和现实，但是也快被他逼疯了。

1833年7月，乔治·桑与缪塞在一次晚餐会上遇见。遇见谁都自有道理，没有不相干的，人就像个磁场，总是吸引与自己相近的那个人，所以尽管他们一开始并不信任对方，却仍旧走到一起。乔治·桑比缪塞大六岁，在她的眼里，他就是一个浪荡不羁的花花公子；在他的眼里，她太过女才子味了。乔治·桑曾对准

阿尔弗雷德·德·缪塞（Alfred de Musset，1810.12.11-1857.05.02）

备主动充当介绍人的圣伯夫说："经过考虑，我不希望您把阿尔弗雷德·德·缪塞介绍给我。他太风流，我俩不合适，我之所以想见他，更多的是出于好奇而不是感兴趣。"她被自己的理智蒙蔽了，其实她潜意识里对缪塞是有向往之心的。在第一次见面的晚餐桌上，他们兴致勃勃地谈论文学及各自的创作，过后她又让他把未完成的作品《劳拉》的一个片段寄给她，缪塞要求说："请您别与任何人分享您的小小的好奇的任性。"如此两人便拥有了一个共同的秘密。之后缪塞又把自己的作品寄给乔治·桑，并写长信说这是读了乔治·桑的《安蒂亚娜》写成的，他在信中借小说暗示了一种暧昧关系。

有些人第一次见面就会有一种超自然的感觉，他知道，他与这个人会发生点什么。所以，尽管桑说出了那样的话，但是她已经预感到她与缪塞会有故事发生。她的小说《莱莉亚》中的斯泰尼奥就是以缪塞为原型的，斯泰尼奥沮丧、绝望、忧伤、纵欲，有着自杀倾向，这正是诗人缪塞的特点。乔治·桑从缪塞的作品中了解到他是怎样一个人，也从他的作品中看到了他们的结局，然后把这种现实又放到自己的小说中去，她小说中的莱莉亚怀疑爱情，对生活冷漠，斯泰尼奥用对爱情的坚贞不渝的热情呼唤着她。有时候不知道是生活创造了小说还是小说引导了生活，两人的恋情跟着小说情节燃烧，而生活的角角落落成为新的小说的素材，也许这就是艺术型的人的人生，艺术可以预示命运。

乔治·桑是有双性气质的人，既有女性的温柔又有男性的力量，而缪塞却很女性化、孩子气，正如弗朗克·莱斯特兰冈在《缪塞传》中所说："阿尔弗雷德·德·缪塞敏感的气质兼有女性的多情和男性的粗犷；他的感情经历充满激情和痛苦，始终被幻觉与死亡的阴影笼罩。他是缪斯所钟爱的孩子，也是爱情的殉道者。"天才那颗敏感的心是把双刃剑，缪塞生活在自我伤害的幻觉里，所以给身边的人带来麻烦，乔治·桑如她的小说人物莱莉亚扮演着母亲的角色，但是，她终究还是他的情人。

太过迷恋对方，不免互相伤害。爱情之所以最消耗人的心力，是因为它不像亲情那样保险，不像友情那样淡如水，它充满了动荡不安的因素。强烈的排他性让爱人变得自私、暴躁，随之而来的嫉妒不可避免，而人心又是飘忽不定的，无法专注于一人，尤其是像乔治·桑这样感情丰富的女人。诗人亚历山德罗·波利奥来访，乔治·桑对他有了好印象，这种心灵上的小小的不忠在他们的爱情发展到高潮的夜晚第一次引起缪塞的疯狂，他陷入幻觉，在谷底惶恐不安，浑身痉挛地哆嗦，"用一种尖厉而猛烈的声音"叫嚷道:"咱们快离开这儿。"他以为自己被弄到一片坟地里来了,其实那不过是如墓碑般平坦的岩石。

为了不至于在爱情中沦陷毁灭,他们决定换个环境,边旅行边写作,就去了威尼斯。一到威尼斯,乔治·桑就生病了,但为了维持生活还是坚持写作,缪塞却因为她不能专心陪他而发脾气,也因为之前的游离心存怨恨,有一次他竟然说:"乔治,我弄错了。我其实不爱你。"

这是很让人心碎的话,但是乔治·桑并非一般女子,她的理智和坚强让她确定缪塞只是负气,如果离开她,他恐怕活不下去。因而,她并未在伤心之下出走,只是关上了连接两人居室的门。

没有打倒桑,缪塞就觉得自己受到了伤害,他不但不照顾生病的桑,反而留恋风月场所,却因伤寒和酒精中毒而病倒了。桑像母亲一样照顾他,越对他好,他越觉得她是有愧于自己,背叛了自己。他占有性的爱情推远了她。桑与帕杰洛医生日夜照顾缪塞,不觉生出爱恋,又一次是桑的不忠。缪塞独自回到了巴黎。桑留在威尼斯,希望保持联系。她说:今后谁来照顾你,我又去照顾谁呢?谁还需要我,从此我又能关心谁?你曾经给过我幸福，你也曾给过我伤痛，这一切我怎么可能舍弃呢？

但是我们就这样心甘情愿地分手吗？我们不是做过多次徒劳无益的努力吗？每当我们孤身独处的时候，我们那充满傲气和怨恨的心不是被痛苦和悔恨撕得粉碎吗？在放弃这种已经不可能继续维持的关系的同时，我们还应该永远保持联系。

他说：你叫我走，我就走了。你叫我活下去，我就活着。

他说：相隔这么远，再也不会有粗野，也不会有神经质的歇斯底里。

她说：我抽超长的烟斗，我几乎孤独一人生活。

他说：你告诉我你要离群独居，你要想念我。当我读到这样的字眼时，你要我怎么办呢？……你倒不如告诉我，你已投入了一个你热爱的男人的怀抱，并和我谈谈你们的欢乐。不，别跟我说这些。你不如直接跟我讲，你另有所爱，你也得到了爱。这样，我就会感到自己充满了勇气，我请求上帝把我的痛苦都化为你的欢乐。那么，我会感到孤独，永远的孤独。……你跟我谈健康，谈保重，要我对未来充满信心；你要我平静下来；是你，是你刚把我的血管切开；而你又要我止住血液，不让它往外流淌！我把自己的青春搞成什么样了！我又把我们的爱情变成什么样了？

分开的日子，没有了争吵、伤害，却有反省、安慰、祝愿，看起来是平静的，其实是折磨得更深了，在祝福的同时他们在互相推远对方，这种表面的骄傲和坚持只会让对方伤得更深，而得到对方认同的答案时，又伤害着自己。这是一种煎熬和折磨。

他们把这种感情写进了各自的作品，缪塞写了《一个世纪儿的忏悔》，桑写了《私人日记》。

一年之后，桑回到巴黎，两人相见，爱火重燃，帕杰洛医生悄悄地离开了。有人说，真正的爱情可以冲破千难万阻，无论如何最终都会在一起，那是外界的原因，最可怕的阻碍并不来源于外界，两人的冲突在他们自己身上，习性不除，只会是又一波的互相伤害、游离、嫉妒，他们再也受不了互相的折磨了，关系最终破裂。

我一直以为真正的爱是没有置换性的，是必得一生一世的，是完结不了的，是任什么伤害都无法终止的，原来伤害的力量远远大于爱的力量。

所以，内心强大比什么都重要，比爱情都重要。爱情会死，人却要活下去。

无论是缪塞还是肖邦都在爱情破碎后郁郁而终，只有乔治·桑是爱情中的强者，因为她是用理性活着的人。她在信中说："不过我知道，我感到我们会一辈子相爱，心灵相通，志趣相投，我们将会凭借圣洁的感情努力治愈彼此因对方而受的痛苦。唉，不，这不是我们的过错，我们不过听随命运的安排而已。我们那种粗暴过人、激烈过人的性格妨碍我们去过普通恋人的生活。

"请不要以为，阿尔弗雷德啊，不要以为，我想到失去了你的心，还能够觉得幸福。我是你的情人或是你的母亲，这都没有多大关系。我激起你的是爱情或是友情，我与你在一起是幸福还是不幸，这一切都不能改变我目前的心境。我知道我爱你，这就是一切。可我并非带着那种时刻要拥抱你，非置你于死地我就不能得到满足的如饥似渴的痛苦心情去爱你，而是带着男性的力气以及带着女性爱的全部温柔去爱你的。"

　　她的爱不像他们的爱：非要置对方于死地才能满足自己的痛苦心情的爱。绝对的占有，和绝对的忘我，都是爱，是爱到极致的两种表现形式。桑更像圣母，而缪塞更具人间烟火气，有时候，我想，圣徒的"爱情"算是爱情吗？

　　乔治·桑在小说《她与他》中对缪塞和肖邦的缱绻之情作了回顾和描述，人们对此颇有争议。但是，一个作家的作品要征服人心，她的生活必定不是平庸无奇的，她不能建筑空中楼阁，不能在象牙塔里写作，深深的体验，她的生活就是与这个世界的连接，雨果说："乔治·桑就是一种思想，她从肉体中超脱出来，自由自在，虽死犹生，永垂不朽。啊，自由的女神！"

　　在男人面前，乔治·桑是女神而不是公主，她温柔地纵容任性的缪塞，慈祥地呵护纤弱的肖邦。

　　乔治·桑比肖邦也大了六岁，或许她母性力量太强，所以总是吸引孩子型的男人，以满足她母性的欲望。

　　那年她三十二岁，李斯特介绍肖邦给她认识。因为都是巴黎文艺界的名人，认识之前，两人对对方已有耳闻，也有些慕名。当然乔治·桑比肖邦来巴黎早，这时候她早已经跟小说家雨果、画家德拉克洛瓦、诗人海涅等名流相交熟稔，而且巴尔扎克、缪塞总是在夏天住在乔治·桑的乡间别墅里度假，与乔治·桑相比，肖邦还只能算是新进。

　　当肖邦第一次看到乔治·桑后，他对李斯特说："她真的是女人吗？我不禁怀疑！"在女人堆里混惯了的肖邦还是被这个男性化的女人征服了。沙龙女主人、公爵夫人、富家小姐，还有众多密友，在他的生命中穿梭而过，只有桑进入了他的生活。他们一起生活了九年，分手两年半后肖邦累倒在巡回演出舞台上，临终时说："多想再见见她啊！"但是她拒绝了，就像那只拒绝老鼠的猫，背过身去独自哭泣，她太倔强了。爱得越深伤得越深，肖邦成为她最后一个爱人。那年她四十三岁，之前她身边从未缺少过男人，但是自从肖邦走后，她独自生活直至七十二岁去世。

　　总有一段感情刻骨铭心，总有一个人是无法超越的。也许之前一段又一段艳事都只是激情，是他让她进入爱情的核心。从她的小说《她与他》中可以看出她对缪塞的尊敬远不及肖邦，可见这个不善言辞，不喜欢写信的男人有一种力的存在，比那个任性的孩子更加吸引桑。女人不会爱上让她怜惜的男人，她疼惜缪塞，但欣赏肖邦。缪塞的激情满足了她的爱情欲望，而肖邦充实了她的思想和生活。

乔治·桑和肖邦（德拉克洛瓦油画）

在他们之间，力与反作用力是平衡的。她感觉到的他的爱，恰恰是她给予他同等重量的爱。

肖邦至死最爱的人也只有乔治·桑一个。他从离开她到逝世之间两年半的时间里，没再写过一首曲子。爱情让人心碎，及至心死。分手后那一年，他曾写信给朋友说："如果我不每天吐血，不为眷恋旧情所苦，我可能会开始一种新的生活。""我不再有忧伤和欢乐，不再真的感受什么，我只是浑噩度日，耐心等待我的末日。"离开乔治·桑，他失去的不仅是爱人，还有母性的关爱，智性的督促，他的整个生命仿佛破了一个缺口，失衡了。

他们遇见的时候，肖邦正处于失恋状态，忧郁、消沉，是乔治·桑重新燃起了他的热情，并把他引领到诺昂庄园，给予无微不至的关爱，这个男性化的女人对这个女性化的男人正好是一种补充，他的忧郁伤感在智慧和力量的乔治·桑独有的爱情方式中一扫而空。

诺昂庄园是在一片辽阔的草原上的一幢石头房子，四围风景优美，时时传来牧羊人的歌声，这一切都使肖邦心旷神怡，而且住在这里他再也不用为生存奔波，以他病弱的身体靠教课和偶尔向出版商出售作品，去支撑在巴黎的房租、仆人、衣服等庞大的开销是不可能的，如今他就可以安心创作，而且，乔治·桑周围那一大群作家朋友对他的创作也产生了极有利的影响，他的创作进入全盛时期，如果没有乔治·桑，他卓越的才华未必能这么容易地开花结果。

在九年的时间里，乔治·桑被肖邦的家人视为"女保护人"，她对肖邦极尽关爱与呵护。肖邦在离开华沙后，长期保持着和父母姐妹的通信，他在信中一再提及自己的灵感来源、每场音乐会，以及在诺昂庄园里和乔治·桑的生活。

乔治·桑爱护着、珍视着这个天使般的天才，因为她懂得他，她说："肖邦是个天使，他的善良、他的温柔和他的耐心有时让我担心，我觉得这是一个太纤细、太美好、太完美的造物，难以持久存在于我们这个粗笨和沉重的人间。在马略卡，他病得死去活来，却创作出充满天堂气息的音乐……"她对音乐的挚爱和对肖邦才华的赏识让他们的爱情超越了一般的情爱，她知道这个天才"不能屈服于肉体的粗糙。他要寻找的，并非是情妇，而是爱的陪伴"，这位生命力旺盛的女子只能像圣女般地生活，压抑着自己的欲望，她曾向友人提起过，"他病得太重了，以致他的爱只能是柏拉图式的。"他们是灵魂之友，非占有式的，完全地无私奉献，具有宗教般的力量。在这九年中，不只是肖邦的创作力被激发出来，乔治·桑自己也获得了非同往日的灵感。

　　他们并没有长期住在一起，而是保持着一种很奇特的关系。彼此相关，又各自独立。他们的关系既像是朋友，又像是恋人或夫妇。即便是他们同居在一起的日子，也互不干涉各自的社交生活。夏日，肖邦总是去诺昂庄园和乔治·桑一起过一段日子，其他时间则在巴黎自己的公寓里。两人相伴不离的日子，是热恋期间一起在马略卡岛的时候，那是两人在一起最长的一段时间。

　　如此契合的一对人，又为何分手？肖邦不像缪塞那样张扬，我行我素，他是个比较内敛的人，而乔治·桑喜欢高谈阔论，有什么说什么，争吵的时候，肖邦的沉默自抑无异于一种冷暴力，让她难堪却拿他没办法，她只能付出更多的容忍。然而容忍不是正常的情感状态，会积压成怨，她曾在小说里发泄："他的身心都很柔弱，但是由于他肌肉不发达的缘故，反而有一种动人的美，一种超越年龄甚至性别的外貌，像一位颀长而忧郁的女人，永远沉溺在他的白日梦中，他缺乏现实感……此外，他有强烈的占有欲、专制、暴躁、嫉妒……因为他柔弱，于是他会用一种虚伪漂亮的睿智，来折磨他所爱的人，他傲慢、矫饰、故示高贵、厌恶一切……"正因为与肖邦的性格相去不远，才更加刺痛他的心，但是一向隐忍"虚伪"的肖邦并没有表现出来，照常写信问候表示依恋，从未谈起此事。

肖邦是一个以自我为中心的人，他生活在自己的心灵境界中，国家民族似乎是离他很远的事情，外面发生了什么事，他照旧过自己养尊处优的日子，所以桑总是批评他没有现实感。他只关心自己的乐谱是否能够出版，音乐会是否能够举行，这与桑和她的沙龙整天在谈论爱国实在不谐调。不过肖邦也没有必要跟他们一起谈论爱国，毕竟他是外国人，在法国不能发展他的理想时，他就选择离开。

家事的分歧和混乱让肖邦的身体更加恶化，而乔治·桑也开始感到倦怠，肖邦的元气几近耗竭，生命沉入黑暗，李斯特描述他："自1846年开始，肖邦几乎不能行走，每次上楼都要忍受窒息之苦。从此，他只是仗着格外小心才得以活下来。"

1847年11月肖邦离开诺昂，乔治·桑关上了接待他的门。

1848年，肖邦在玛利昂尼夫人家和乔治·桑不期而遇，当时她正在下楼，距离上次见面已经整整一年了。肖邦强自镇定地问道，"你好吗？"

她答道，"很好。"

这是他们最后一次见面，一年零七个月后抑郁的肖邦因肺结核、心脏病病死在巴黎。在弥留之际，这个背负巨大才华的男子低声叹息道："她对我说过，我只能在她的怀里死去。"然而，最后在身边的人不是她，而是那些默默地爱慕他的女人们。乔治·桑没有参加肖邦的葬礼，甚至不愿再谈起肖邦，她让人烧毁了自己写给肖邦的全部信件。她无法保持淡然，恨的姿态也是一种抱怨，因为她也被痛苦和失意折磨着，因为她开始怀疑，她感到愤怒，她对他说：你不再爱我了。

"不再爱"是伤人的。

两人全面决裂缘于对两个孩子的态度上，肖邦无法容忍乔治·桑纵容她的儿子，而乔治·桑受不了肖邦过分袒护她的女儿，她在1847年给肖邦写了一封十分激烈的信：

"我宁愿看到你加入敌人的阵营，也不愿看到你在曾经吸我乳汁长大的孩子面前攻击我……我已经受够了作为一个易受欺骗、常做牺牲者的滋味……我不要再忍受这种奇异的颠倒。再见，我的朋友，我将为这九年专情的友谊获此结局而感谢神，希望常常能得到你的消息……"

也许，这也是"不再爱"的缘起，她怀疑他与自己的女儿产生了感情。

但无论如何，乔治·桑是个充满力量感的女人，内心强大的人才能够给予而不是索取。她只要一点，而给你全部，这是怎样的自信和强悍？！她的内心是满的，盈满了爱，所以源源不断地给，这正是与卡米耶的不同之处。她曾给朋友写信道："我心里有一个目标，一种使命，换句话说就是激情。写作靠的就是这股激情，无比强烈，坚不可摧。"她不但靠激情写作，也靠激情活着。

她是一个多产的作家，也是一个多情的女人。

她一生写了244部作品，小说、戏剧、杂文、书简、回忆录、政论文章。她的小说关注女性生存，"认为女人不应该成为男人情欲的发泄对象，女人也有自己的七情六欲，应该主动地得到满足。"

　　乔治·桑与很多大师有交往，她的魅力吸引他们，她与他们的灵魂交错。她与法国作家福楼拜的通信多达482封，两人的世界观存在着某种趋同性。福楼拜对她充满敬意，在自己的新书上题写献词：向乔治·桑献上一个无名小卒的敬意。乔治·桑去世后，福楼拜为之流泪，他在写给朋友的信中说，每个人都应该去好好了解她，就像我一样。她是天才是伟人，又兼具女性的万般柔情……除了福楼拜之外，乔治·桑还受到法国其他大师的尊敬和爱慕。巴尔扎克在给昂斯卡夫人的信中提及，他打算请乔治·桑为自己的小说《人间喜剧》作序，不过当时她正在病中，未能完成这一托付。另一方面，乔治·桑也受到巴尔扎克的影响，她曾打算像他一样写一个系列的小说《人间牧歌》。大作家雨果被流放泽西岛时，乔治·桑就发表宣言支持这位智者。同样，在1859年乔治·桑的作品《她与他》引来一片攻击的时候，雨果也给予她声援。作家之间建立起的这种友情，不止是惺惺相惜和彼此的尊重与敬意，甚至还有爱慕。雨果在给她的信中曾写道，我发现我已经爱上了您，幸亏我已经老了。

……

　　一个人有什么样的朋友，他就是什么样的人。乔治·桑寻求的是灵魂的高蹈，她获得了这一切。

　　乔治·桑从来不会把这些写入她的书中，她只是为了好玩，游戏心态，可以推翻再来。把情欲发挥成理念的是杜拉斯，几乎她所有的小说里都弥漫着情欲的味道，她比桑更彻底。

Marguerite · Donnadieu

玛格丽特·杜拉斯

杜拉斯

如果我不是一个作家，会
是个妓女

///

　　"他同样有着心理优越感，因为他的财富，和已经侵占了这位白种少女的既成事实。在高档餐厅里，烛光晚餐进行中，他居高临下地笑着宣布，我不能娶你，因为你已经不是处女了。她边抓紧时间狼吞虎咽边同样笑着回答，那太好了，反正我不喜欢中国人。"

杜拉斯在自传体小说《情人》中记述了她的第一个情人，中国情人。正如她的独白：我在十八岁的时候就已经变老了。她十八岁，或者说从十五岁半开始跟这个中国男人游斗，各自显示着属于自己的优越感，彼此需要却互相打压对方。

男女之间的角逐，莫不如此。布努埃尔的电影《朦胧的欲望》中，肯奇塔一会儿是女骗子，一会儿是纯爱少女，使得马德奥晕头转向，一次次抛弃她又一次次忍不住寻找她。堂兄问他，你既然这么爱她为什么不娶她？他说：那样我就没办法控制她了。他以为自己有钱就可以让她沦为情妇，然而她拿到他的钱后不是逃跑就是跟一个年轻的小伙子在一起，使得马德奥一次次地崩溃，她又回头来告诉他那只是戏，布努埃尔最终没有告诉我们那到底是不是戏。在此种情况下，女人唯一的筹码就是我爱的不是你，而是你的钱。

《一米阳光》中的川夏每次吵架后都不会忘记拿走年良修递过来的支票，年良修对此耿耿于怀，却不知道她一张都没有兑现过，她用这个动作来刺伤他。

但杜拉斯没有这么隐晦，她很直接，她的自信让她直接。

在他们做爱的老地方，他给了她一记耳光，将她内裤扯下，用性来发泄并警示她——她依附于他。她在被类似于强暴之后，还能够面不改色地问他：你觉得我值多少钱？他把钱丢给了她。在光线被门板上的横格切得横七竖八的夜，他对她说，跟着我说，你来找我，是为了钱。

她说，我来找你，是为了钱。

张爱玲说没有人会爱上你的灵魂，连男人自己也说男人是用眼睛来看女人的，而女人是用心来看男人的。用眼睛看到的是物质的，灵魂却需要感受力，靠心灵的感受。他（中国情人）占领了她的肉体，又开始要求她的灵魂，这所谓的征服从来不是爱，只是虚荣，所以他感到了自己的失败，他自嘲地笑了。

一个无可无不可的女人会让男人抓狂，在杜拉斯面前，谁都会输。因为她从一开始就看清爱情虚无的本质，人类倦怠的普遍现状让他们连追求爱情的激情也没有了，只有寂寞、空虚、无聊，所以她不做爱情的囚徒。

在她的小说《塔尔奎尼亚的小马》中，一群在海边度夏的人都嚷着太热了，她们不要爱情，却又蠢蠢欲动。萨拉的丈夫杰克说他再也受不了这种生活了，他要去塔尔奎尼亚，到那个时候，凝固胶着的状态应该会有所改变，然而萨拉却决定跟他一起去，萨拉放弃了她的情人。她对她的情人说，如果他们做出决定在一起的话，他可能一个情人也没有了。没有人敢迈出这一步，与其说是倦怠，不如说是非爱。爱情在这里是不值什么的。

杜拉斯说："爱情并不存在，男女之间有的只是激情，在爱情中寻找安逸是绝对不合适的，甚至是可怜的。"但她又认为：如果活着没有爱，心中没有位置，没有期待的位置，那是无法想象的。

这仿佛是一个悖论。大多数人都在追求着这并不存在的爱情，自欺或者欺人，因为他们总要有一个支撑，保有期待。所以，杜拉斯又用一生去追求爱。无休止地，只是她的爱情观是那么的与众不同。

她结婚、离婚，非婚生子，她同时跟两个男人一起生活，还不忘与情人之外的男人去偷情，大量的露水情缘滋养着她旺盛的生命力。爱情和写作都是需要激情的活动，她用爱情来刺激写作的神经，又用写作来虏获可以带给她生活激情的男人。源源不断，马不停蹄，在情欲里追逐。

这似乎是一种吞噬。

从少女时代与中国情人那段人所共知的爱情故事始，杜拉斯的一生都是在爱情与写作、欲望与激情这几种状态中迂回旋转，就像她小说的写作手法，来来回回，纠结在一个地方。

从二十一岁在巴黎法学院读书时就浪漫史不断，那时候在人们眼中，她漂亮且放荡，有一种独特的过于自我的魅力。

1939年即她二十五岁的时候，与罗贝尔·昂泰尔姆结婚，他如兄长般呵护她，包容她，又如朋友般理解她，与她进行交流。尽管后来离了婚，也还是她所信赖的人。他与她的情人迪奥尼·马斯科洛和平共处。

迪奥尼是个美男子，非常之美，杜拉斯对他一见倾心，施展全身的魅力去征服他，不久两人便都爱上了对方。她把他介绍给自己的丈夫昂泰尔姆，三人关系明朗化。

接下来的十年中，这两个男人先后离开了她，她仍旧过着自己想要的生活，在爱情与欲望中尽情游走。

杜拉斯与猫

　　杜拉斯七十岁的时候，认识了大学生扬·安德烈亚，那时她的脸真是"备受摧残的容颜"，她精疲力竭，虽然每年都有作品问世，在法国文坛上有了些名气，但是并不被人所欣赏，而且因为长期酗酒，性情乖僻、古怪，她瞧不起任何一个女作家，尤其讨厌波伏瓦，却总爱说自己如何如何，还学没落贵族的腔调用第三人称称呼自己，让人很是反感，连出版社的人都不喜欢她。她很孤单，所以扬的出现对于杜拉斯来说，就像抓住一根救命稻草般。她处处控制他，把他封闭在一个小世界里，成为自己的专属产品，她蔑视他，又离不开他。她不允许扬在公开场合提到她，在朋友圈里，她也很少谈起扬，扬总是处于隐匿状态，对他们的生活也缄口不言。直到1983年，杜拉斯在医院昏迷不醒，扬发表了《玛·杜》，一直是杜拉斯笔下的人物的扬也把杜拉斯变成了他笔下的人物。杜拉斯离世后，他住在了她送给他的她巴黎故居对面一幢楼的阁楼上，写作了《这种爱情》。这一次，他把他们所有的生活景况都说了出来：酗酒，写作，乘车沿河散步，毫无目的地东游西逛，疯狂的嫉妒，绝望的情欲，无法把握的欢乐……

　　这是一种感情的抒发，仿佛正对着爱人喁喁细语，或疏离或浓烈，带着没有回音的孤独，正如先前杜拉斯所说："使我们结合的这种热情，在我不多的有生之年和你今后漫长的岁月中会持续下去。"

果然持续着……在她有生之年，她喜怒无常，给他买圣罗兰的衣服，要他洗碗，打字，开车，到海边兜风，陪她看电影。扬二十七岁，瘦高个儿，羞涩寡言，是个同性恋。她不允许他有任何交往，不允许他看男人一眼，也不允许他看女人一眼，连扬的母亲来了，扬也得偷偷去见，掐着时间赶紧回来。杜拉斯用她独有的小说式语言来对待扬，爱他的时候，她说：扬，你跟我一起走了吧；恨他的时候就说：我的东西你一点也得不到，别痴心想要什么了。

像个任性的难以对付的老太婆，她的爱是极度的占有，歇斯底里如小说中的人物，或者，她就是一直在写自己内心的呼喊。活得就是这么任性，然而扬也有受不了的时候，他消失无踪，不留一句话，不打一个电话，杜拉斯就辗转难安了。

每一次，扬都会回来，仿佛她的手里有牵着他的线。

两人就这样在一起生活了十六年，直到杜拉斯八十二岁去世。她死在他的怀抱里。

有些关系就是这样，相处很难，却又无法分离。

需要也是一种爱情，缠绵不断，沉郁、忧伤，如将近燃尽的蜡烛，在黑暗中流露出些微温暖和光亮。

有一次杜拉斯带了扬·安德烈亚抛头露面，有一名记者提问："这该是您最后一次爱情了吧？"她笑着回答："我怎么知道呢？"

杜拉斯言行合一，身体力行，她把她对爱情的理念放在她的文字里，也付诸实践。她似乎不是在写作，而只是在表达自己，恰巧使用了文学这一手段。她说："我写女人是为了写我，写那个贯穿在多少世纪中的我自己。"她是极其自恋的，她用白日梦般杜拉斯式的语言让自己的思绪未加整理便形诸笔端，一种流动的自由的语言与她心灵微妙的变化相得益彰。

杜拉斯的文字仿佛施了魔法，对读者有一种吞噬般的魅力，这跟她的专注于一种情感而反复摹写有很大的关系，她一生都在创造和感受与性爱有关的事件。

写作中的杜拉斯

　　杜拉斯小说里的人物充满无力感，但她自己却是情感充沛的，萨拉虽然懒于改变现状，但也说："一个女人若一辈子只和一个男人做爱，那是因为她不喜欢做爱。对付男人的方法是必须非常非常爱他们，否则他们会变得令人难以忍受。我爱男人，我只爱男人。我可以一次有50个男人。"

杜拉斯的爱情充斥着性爱和肉欲，她试图用性欲的宣泄剥离出爱的最原始的本质，给人一种回归本原欲望的快乐，没有道德的约束，没有虚与委蛇的遮掩，这近乎纯粹的欲望干脆直接地直达爱的核心。被人类打上罪恶标签的欲望从被道德的束缚中解放出来，回归自然的欲望本身，这种充满人性化的光辉的欲望不再是痛苦的。

杜拉斯的人格达到极致的解脱，包括她的小说，对生命的探求，对女性意识的维护，尤其是《情人》完全摒弃男性经验，充分表达女性自身体验和情感心理，在男性文化中脱颖而出，显示出女性的独立和尊严。

"和有情人，做快乐事，别问是缘是劫。"杜拉斯崇尚快乐的原则如李碧华笔下的妖，是不必遵守世间人的规矩的，她蔑视传统道德，揭开了原欲的这美而毒的面纱。她的"自我"通过对他者的开放，最大限度地得到了张扬。在杜拉斯的概念里，爱情是一种能量，它能照亮人的精神和感官。

与精神相对的总是物质，杜拉斯写了《物质生活》，在现实中，物质又是多么重要。因为没有钱交水费，停了水，夏日炎炎，口渴，不能洗澡，她看着一家大大小小的孩子，只平静地微微一笑。带着丈夫、孩子，出了家门，平躺在铁轨上。杜拉斯说，无知的女人再无知，却也切切实实地感受到了尽头那不可解决的问题，这是唯一的出路，绝望——

同时需要载体。

她不厌其烦地述说她们的贫穷。甚至从用贫穷来标榜白人少女的优越感中，来找到一个漠然对待肉欲的理由。

"如果她对他有所欲望，他就是她的情人。"杜拉斯极力放大欲望的重心，又不断地淡化情人这个词，淡化欲望这个词的冲击力。对她而言，情欲如吃饭睡觉一样是再平常不过的事，所以她说："任何人都不能抗拒情欲，它使人上瘾。他们明白它的可怕与强大，然而，每个人都会无可避免地成为它的俘虏，这就是它的魅力。"

不可遏止的情欲源于人心的孤独，所以就有了征服与被征服，越是受到阻碍的情欲越对人有吸引力，情与欲的融合才能达到销魂的效果，否则只是动物般的游戏。孤独在情欲的烘托下显示出酒神状态的本质，所以杜拉斯其人其行其笔下的人物蒙着一层酒神的迷醉面纱。

然而，放纵的相拥之后，并没有解决孤独的问题，所以情欲自然而然地转换，她积极地寻找生命的另一个出口，杜拉斯的另一个出口便是写作。

有人说"杜拉斯、波伏瓦、克里斯蒂娃是战后法国知识界最重要的女性，我更喜欢杜拉斯而不是波伏瓦。因为波伏瓦是书斋型的，她很会运用知识。而杜拉斯给你的恰恰是真正情感和生活的部分，这离克里斯蒂娃就更远了。"从某种意义上来说，情感和生活更能打动人心，而知识扮演着工具的角色。

杜拉斯的心溢满着情感，源源不断地产生，然后流于笔端，所以她不必去刻意观察生活，不必像福楼拜教莫泊桑一样每天去观察门前经过的马车，不必像达·芬奇一个鸡蛋画无数遍，她只抒写自己，自然而直接地，就够了。因为自然而直接，所以来得浓烈，如化不开的云，如醇香的酒，如让人上瘾的罂粟，不由自主地被她拉入她自我经验的个体世界，她私人化的世界，那里跃动着强壮的生命力，那里的女性体验是赤裸裸的。

她太自恋了。

她过于沉浸在自己的世界里，过于注重自己的感觉，杜拉斯好像生活在醉生梦死之中，这也是一种生的力量，"我的一生，都在和异于常人的感觉作斗争。"她弱小的身躯时时表现出一种力感，无所畏惧，心地坦然，这种无所顾忌勇往直前的态度也让她总是处于极端状态："在我酗酒以前，我就有了一副酗酒的面孔。"她还说："当我越写，我就越不存在。我不能走出来，我迷失在文里。"她像个影子，不适合在任何团体留下痕迹。

杜拉斯不取悦什么人，"真奇怪，你考虑年龄，我从来不想它，年龄不重要。"她没有美人迟暮的叹惜，亦没有女为悦己者容的兴趣，"确实没有必要把美丽的衣装罩在自己的身上，因为我在写作。"

法国的评论家米雷尔·卡勒-格鲁贝尔说："承认或者隐而不说，是形成杜拉斯作品风格的魅力之所在：意指的震颤波动。"

这种震颤是灵魂的震颤，灵魂的力量，是模仿不来的。所以有些模仿杜拉斯的人只得其形，也烦琐密丽，也反复轮转，却终究没有那份直击人心的力量。

她写《劳儿之劫》，就拿出全部的感受力，捕捉一丝一毫的情绪波动，再投放到劳儿身边所有的元素上去，劳儿被人化的物包围着，也就是被她的情绪包围着，所以，不必叙述劳儿的男友是什么样的人，不必叙述她被抛弃的过程，只渲染了一种气氛，一个孤魂野鬼般的女子在行走，不停地行走就够了。略去所有老套的情节，读者唯需感受。感受这无限延展的细腻情绪，蒙胧、细碎，既没有结构，也没有细节，所以显得那么的不可捉摸，亦不可理喻。

她的自恋达到自闭的程度，写作是孤独的，她把自己关在自己的房间里，任自我无限膨胀。贫苦的童年，"印度支那"的记忆，腐败的殖民地，她的哥哥和母亲，没有希望的日子……

她要逃离这一切。她终于逃离了这一切。她拼命地写作。她来到法国，她制作电影。扛着摄像机在诺弗勒堡到处走，摄制组的一群人围着她。他们一起出工，拿一样的报酬，她给他们熬葱汤，煮越南饭，她曾进入生活。那时拍过《印度之歌》《巴克斯泰尔，薇拉·巴克斯泰尔》《卡车》和《夜舟》，很多年后，又记起这段时光，就送了一本《来自中国北方的情人》给曾经合作过的剪辑师，亲笔题词（这是少有的情况）："给我的朋友多米尼克·奥弗莱存念。往昔的奇迹，今朝依旧：为一同致力于电影的岁月。"

对于杜拉斯来说，电影是写作的延续，"我把电影视作写作的支撑。无须填写空白，我们在画面上挥毫。我们说话，并且把文字安放在画面之上。"她厌恶商业电影，厌恶煽情，她的电影是作家电影，是写出来的，自主，自足，小成本，小制作。长长的画外音，沉闷的"黑镜头"，像是书写的空白，给人一种荒芜、沉闷的感觉。

那时候杜拉斯有些默默无闻，她是在1984年《情人》出版后，才轰动法国，继而名播全球，那个时候，她终于成了名副其实的"杜拉斯"。

1996年3月，杜拉斯辞世，葬在巴黎蒙帕纳斯公墓。

她说：任何一个女人都比男人神秘，比男人聪明、生动、清新，从来也不想做男人。

Lou · Andreas · Salomé

露·安德烈亚斯·莎乐美

莎乐美

弄 瞎 我 的 眼 睛 ， 我 还 能 看
见 你

//

与杜拉斯的沉浸相比，莎乐美是片叶不沾身。

她就像高高在上的女王，宠幸着匍匐于脚前的臣子。对此
有一个非常形象贴切的故事：狂傲的哲学家尼采被第二次拒婚
后，提议要和莎乐美、保尔·里一起去照张相，作为他们友谊的

莎乐美手中的皮鞭

见证。在摄影棚里，他让摄影师推来一辆小车，请莎乐美跪在车上，又让摄影师找根棍做了一根鞭子，递给她；而他自己和保尔·里站在车前，用绳子把胳膊绑在车把手上，如此他们两人就成了拉车的马，而莎乐美成了抽打他们的人。摄影师大声抗议说这不成体统，可尼采解释说，没有比这更好的姿态能表明他们三人目前的关系了。

显然，尼采和保尔·里目前被莎乐美"掌控"着。

保尔·里也是一位思想家，他学识渊博，思想深刻，却不像尼采那么桀骜不驯、性情乖僻，难以相处，他宽厚且温和。在德国妇女解放运动中杰出的领导人马尔维达·封·迈森堡夫人的沙龙里，十九岁的莎乐美与他相遇，两人很快达成默契，成为很要好的朋友，对莎乐美来说，保尔：里是一个可信任的朋友，他像哥哥一样关心她、保护她。

但是保尔·里却有自己的想法，他已经爱上了这个"长着一双闪烁着光芒的蓝眼睛，那高高的额头后面是积极的令人敬佩的思维"的姑娘。终于有一天，这个理性哲人像个绅士一样跪在莎乐美面前，向她求婚。被莎乐美率直地拒绝了，她说，她到国外来是为了求知而不是结婚的。

　　求知与结婚并不矛盾，这显然是借口，保尔·里受伤了。他决定离开罗马，离开这个伤心地，莎乐美反对他这个想法，她说：男女之间除了做夫妻、做情人，就不能做朋友了吗？她希望他留下来，一起实现她的求知梦。善良的保尔·里很容易就动摇了，似乎有点饮鸩止渴的意味。他还很大度地建议把朋友尼采也请来。

　　莎乐美早闻尼采的大名，欣然同意，所以尼采收到了保尔·里热情洋溢的信："她充满了活力，天资极为聪明，她具有最典型的姑娘气质，而且还有点孩子气。"主要是描绘他心目中这位女神。同时，尼采还收到了马尔维达夫人的信，"这是一个与众不同的姑娘，我的书《一个女理想主义者的回忆录》要感谢很多人，其中之一就是这个姑娘……"

　　尼采欣悦的同时，却又不无傲慢地回信说："代我向这位俄国姑娘问好！——考虑到我在未来十年中想干的事情，我需要她！婚姻是完全另外的一章，我至多只能忍受两年的婚姻。"哲人的口气太狂妄了，他还以为一切尽在把握，简直有点不知天高

弗里德里希·威廉·尼采（Elizabeth Barrett Browning, 1806-1861）

地厚，不知道他的朋友是否把这封信给莎乐美看过，所以她要灭一灭他的威风？

她照样要见他，她什么都无须说——见了再说，到了那个时候——她有这样的自信。果然，见到"这位俄国姑娘"时，尼采顿时惊呆了，他脱口而出"这是一个在瞬间就能征服一个人灵魂的人。"他的灵魂被征服了，立刻向她求婚，但是却被她拒绝了。她爱慕他的思想和智慧，但是她也看到他的独断专行，她不想让自己陷入婚姻的枷锁与暴君的王国。

但尼采并没有放弃对莎乐美的追求，他自负地说："莎乐美具备高贵而睿智的心灵，而且有鹰的视觉，有狮子的勇气，她一定愿与我一道肩负起人类精神的十字架，走一条上升之路！"

莎乐美在尼采的居处陶顿堡写信给保尔·里，"总体上说尼采是一个有着坚强意志的人，然而单方面看，他又是个极其情绪化的人。同尼采谈话是十分惬意的事情——你一定也知道这一点，在这种有共同理想、共同感觉的交谈中，常常会心有灵犀一点通。"

心意相通是爱情的前奏，蒙眬的爱情已经存在了。

尼采热情引导，莎乐美快意相随，连她的家人都看出来了，她是恋爱了。莎乐美的母亲说："尼采先生的财产还不够养活自己，你跟他去喝西北风？"尼采如此耀眼，为何还一直没有结婚？莎乐美的哥哥怕妹妹上当，告诫她说：作为大家闺秀，须知形象第一，名誉第一，人言可畏，浪漫无异于玩火自焚。

莎乐美的逆反心理显露出来，她义正词严地说："我既不追随典范去生活，也不奢求自己成为谁的典范，我只为我自己而生活。因此我的生活中没有不可逾越的规则，而是有太多不可言传的美妙的感受——它们蕴含于我自身，在喧闹的生活中越受压抑越要呼喊出来。"

越是压抑，越要挣脱，莎乐美只要做自己，她挣脱追随典范去生活，其个性跃然而出了。在她的概念里"没有不可逾越的规则"，打破一切，摧毁一切，这不也正是尼采的观点嘛，莎乐美是女人中的"超人"，却比尼采更彻底，更自然，她把这种理论应用到生活中来，拒绝纠结，拒绝痛苦，生活在她这里成了体验的过程，她尽情地享受着"不可言传的美妙的感受"，而不为任何一个人或任何一种规则为难自己。

与智性相当的朋友一起游山玩水不啻为一桩赏心乐事，夏天，莎乐美与尼采、保尔·里一起去阿尔卑斯山，尼采与莎乐美两人登上了萨库蒙特山，两人有了单独面对的机会，也许他们尽情地谈论了哲学、人生等话题，但是否谈到了爱情——却无从考证。想必，是超过了友谊的界限，因为莎乐美老年时曾回忆道："我是否在萨库蒙特山吻过尼采，我已记不清了。"她说这句话时的口气多么温馨啊，可见其对尼采是真动过情的，而尼采对此更自豪地说："萨库蒙特山，我感谢你让我拥有了人生最美妙的梦想。"莎乐美为尼采构筑了人生最美妙的梦想，但是，梦想却如肥皂泡转瞬化为乌有。

尼采第一次见到莎乐美曾兴奋地说："我们是从哪颗星球上一起掉到这里的？"尼采还说："我相信，我们之间唯一的区别就是年龄。我们的生活和思想是多么的一致。"

莎乐美对这种极致的"一致性"也很激动，也曾写信给保尔·里说他们"常常灵犀一点通。"保尔·里难免吃醋，但也摆出得体的样子，对尼采得了便宜还卖乖地怂恿自己去娶莎乐美的话回道："我是一个厌世者，一想到生儿育女的世俗生活就心存厌恶。还是你娶她吧，她正是你孜孜以求的伴侣。"另一个吃醋的人就没这么骄傲了，而是使出嫉妒的阴毒来，她就是尼采的妹妹伊丽莎白·尼采。此女一直认为自己才是尼采的知己，现在看莎乐美逐渐取代了自己的位置，哥哥对别的女人到了意乱情迷的程度，她不由恨怒交加，挖空心思中伤自己的对手。尼采一向自诩思想界的哲王，伊丽莎白就看准这一点猛烈地攻击，她讽刺他的思想越来越带有莎乐美的色彩，他被那个俄国女子的个性控制着，尼采的骄傲一下子被击中了。决不盲从的莎乐美坚持相反的意见时，尼采开始变得怒火中烧，有时会挥袖而去。他的自负心在作祟，他的妹妹在煽风点火。这对兄妹终于让莎乐美受不了了，在日渐萧瑟的九月，莎乐美踏上了归途。

伊丽莎白并不就此罢休，还声称"莎乐美与弗里德里希交往，纯粹出于卑劣的虚荣心，而哲学家从未爱过她"。莎乐美一气之下便与这对兄妹恩断义绝了。

有些人生来是不受气的，莎乐美不会也无须为爱情忍气吞声，更不愿在尼采的强力下失去自我和自由，所以她在写给尼采的诗中说：生活没有你——依然美丽。

尼采也自我安慰道："一个真正的男子需要两种不同的东西：危险和游戏。因而他需要女人，当作最危险的玩物。"

相对来说，莎乐美要大度得多，在最后这首诗里，她除了安慰自己，还希望对方好好的，"——你也同样值得生活下去"。尼采却给保尔·里的信中骂她："我以为我已经找到了一位能帮助我的人；当然，这不仅需要高超的智力，而且还要有第一流的道德，但是相反的，我却发现了一位只想娱乐自己的人物。她不害臊的是，梦想把地球上最伟大的天才作为她玩弄的对象。"

接到这样的信，保尔·里难免心里犯嘀咕，"我是不是也是那个被玩弄的对象呢？"当然，这也是尼采受到无可挽回的刺激后做出的强烈反应，因为莎乐美离开他后没多久就与保尔·里在柏林同居了。

她可不像乔治·桑那般好耐性。似乎凡事都要求个凭什么，凭什么我就得容忍你？她随时可以走，关系随时可以中止。男人对这骄傲的女子得小心翼翼，而尼采确实有些张狂了，他任性妄为，我行我素，没有珍视这份来不之易的感情，当失去的时候，才悔之不及。爱情永远没有我的骄傲重要，所以莎乐美永远只是伤到人而不会被人所伤。

莎乐美与保尔·里同居期间，既不像恋人也不像夫妻，生活平静无波。这种绵软无力的生活不会是莎乐美喜欢的，所以当那位东方语言学家安德烈亚斯以一种狂暴的姿势闯入他们的生活的时候，这种平静就维持不下去了。安德烈亚斯几乎没有给莎乐美缓冲的机会，上门便是求婚，而且以步步紧逼的方式。优雅和迂回都被莎乐美拒绝了，对这一次求婚却似乎有点措手不及，她竟然答应了安德烈亚斯的求婚，但是提出了两个条件：第一，她必须保持与保尔·里现有的友谊和生活方式；第二，这只能是一桩没有夫妻生活的婚姻。安德烈亚斯答应了，保尔·里却无法理解，难以接受，他不辞而别。十八年后，传来保尔·里的死讯，他从悬崖上摔下来。那正是他和莎乐美曾经共同旅行的地方，莎乐美不由心惊，她瞬间就猜到他是自杀，可见他离开她后的绝望和孤独。

有人说"莎乐美并未感到良心不安，她认为良心不安是软弱的表现"；也有人说她为此悔恨终生。我想，自责是有的，伤痛是有的，后悔倒不见得，因为她没有责任为别人牺牲自己的选择。

安德烈亚斯恰恰是不会让她为婚姻做出任何牺牲的人，从他答应以上她的两个条件可以看出来。这段无性婚姻维持了四十三年，直到他们的生命结束。他们奇特的婚姻方式不仅给莎乐美以婚姻常有的安定，还使她保持了自由。期间莎乐美创作了几本书，比如思想录《与上帝之争》和小说《露特》，还发表了一些评论性文章，她超前的写作手法和与众不同的思想观点在当时文学界引起了注意，在欧洲赢得了广泛的声誉。

其中就有大诗人赖纳·马利亚·里尔克的慕名来信，他在信中表达了对莎乐美的敬仰和钦慕，希望能见见这位"著名女作家"，那时候里尔克还是个年轻的后生，没什么名气，在众多来信中，莎乐美并没有对这封信特别在意。

直到有一天，他们在沙龙里遇见。见到莎乐美，里尔克瞬间为她的美貌和独特的高贵气质所倾倒，之前的崇拜自然而然地转化为爱慕，他用诗人的激情向莎乐美发起情感攻势，像个孩子一样任性而直接地哀求："我不要鲜花，不要天空，也不要太阳，我要的唯有你……我要通过你看世界，因为这样我看到的就不是世界，而永远只是你、你、你！……只要见到你的身影，我就愿向你祈祷。只要听到你说话，我就对你深信不疑。只要盼望你，我就愿为你受苦。只要追求你，我就想跪在你面前。"莎乐美不可能对这如火如荼的告白无动于衷。之前，尼采太骄傲了，保尔·里太内敛了，也许只有这样敢于表露自己，敢于让对方看到自己真实的内心的人才容易被接受，才具有征服的力量。而且，里尔克无意间击中了莎乐美的母性情怀。因为她想起自己十七岁时对吉洛牧师的呼唤，此时的里尔克也正如年轻时的自己需要呵护吧，她怎能任他一个人在黑暗中挣扎。"或许这就是天意。"她向他敞开了情感的门。

露·安德烈亚斯·莎乐美（Lou Andreas-Salomé）｜赖纳·马利亚·里尔克（Rainer Maria Rilke）

　　这是1897年，莎乐美三十六岁了，她比里尔克大十四岁，对于这段关系的发展她是谨慎考虑过的。她已经到了一个理智制约情感的年龄，所以刚开始她并没有像里尔克那样激动，当莎乐美第二天没有如约到剧院时，里尔克失魂落魄，捧着玫瑰花在慕尼黑城里漫无目的地游走。里尔克是诗人，莎乐美不是，她是用理智生活的人，她是非天才不与之交，她需要的是灵魂对话，只有天才的头脑才能够跟得上她的节奏。她也具有很强的识别能力，当看到里尔克的情书时，她就曾预言："多么细腻而内敛的灵魂，他会大有作为的！"

　　莎乐美的自信、乐观感染着生性忧郁、伤感的里尔克，她广博的学识让他们的生活充满智慧之光，她还建议他去大学听课，劝导他从空洞的内在宇宙转向自然和真实世界，但是并不去扰乱他敏感的内心世界，使他的诗歌由主观的抒写转向包容世间万物，境界更阔大。他们旅行、会友、野餐、打猎，讨论哲学、诗歌、人生、宇宙，他们精神相通，心灵相契，"身体也不可分"了，真正的灵与肉的结合。如此和谐，如此美妙，只有这一次，莎乐美体验到了作为女性的全部内容。莎乐美在回忆录中认真地写道："如果说我是你多年的女人，那是因为，是你首先向我展现了真实：肉体和人性那不可分割的一体，生活本身那不可怀疑的真实状况……"

　　莎乐美回故国俄罗斯，由丈夫安德烈亚斯和里尔克陪同，在外人看来也许会觉得这"三人行"有些尴尬，但在他们却很正常。里尔克在异国获得了写诗的素材，莎乐美则做了一次生命的回归。1900年，两人开始第二次俄罗斯之行，此行他们收获颇丰，结识了一大批文学界与艺术家的名宿，包括托尔斯泰、契诃夫、高尔基、列宾、老帕斯捷尔纳克等。多年以后，里尔克与老帕斯捷尔纳克的儿子——小帕斯捷尔纳克，也就是通过《日瓦戈医生》获得诺贝尔文学奖的那位成为了至交。在俄罗斯之旅中，里尔克还认识了俄罗斯女诗人玛琳娜·茨维塔耶娃，他们之间的柏拉图式的精神之恋，也始于此。"三人行"的生活并不是完美无缺，莎乐美在身边，里尔克就能写出饱满而充满灵性的诗歌来，而她一旦回到丈夫身边，他就会陷入孤独和痛苦，灵感枯竭，一开始莎乐美会安慰他，但是久而久之，她感到了束缚，也认为这种依赖性对里尔克的创作没有好处，所以决绝地提出分手。

　　虽然刺伤了里尔克的心，但莎乐美做事一向快刀斩乱麻，在最后一次见面时，她塞给里尔克一张包牛奶瓶子的纸，上面写了几行潦草的字："在很久以后，如果你的情况不好，那么在万不得已的情况下，我们这儿就是你的家。"

虽然最终分手，但这一次爱情是刻骨铭心的，他们的灵魂从未分开过，之后二十多年里，一直保持通信。据传，在他们的感情最热烈的时候，里尔克曾吟诵道：

莎乐美和里尔克

弄瞎我的眼睛，我还能看见你，

堵住我的耳朵，我仍能听见你，

没有脚，我能够走到你身旁，

没有嘴，我还是能祈求你。

折断我的双臂，我仍能拥抱你——

用我的心，像手一样。

钳住我的心，我的脑子不会停息，

你放火烧我的脑子，

我仍将托举你，用我的血液。

里尔克的热情是灼人的，而莎乐美也在回忆录《生命的回顾》中宣称："我是里尔克的妻子。"或许他才是她真正意义上的男人，吉洛牧师、尼采、保尔·里和安德烈亚斯都有些浮光掠影了。

前面几个人的爱情都是因爱生嗔，不在掌控中，而莎乐美的每一段爱情仿佛都像掐着时间进行，到该结束的时候了，她手中按钮一按就结束了。过于理性化，却缺少了些"人情味"。是否正是这种冷冽成就了诗人，莎乐美就像擅长预言的女巫，里尔克最终夺得了诗界的桂冠，成了名副其实的诗歌之王。

　　莎乐美是一个对人对己都要求极高的人，她身上有一种积极的向上的力量。她要更好，在精神与生活方面。如果是下坡路，她会毫不犹豫地中断。所以，当她五十岁的时候，仍旧在求知，仍旧充满生命的活力，她可以把这一年当作又一个新起点。

　　这是1911年秋天。莎乐美在精神分析学大会上遇到了弗洛伊德，她此前就对心理学感兴趣，如今被弗洛伊德的演讲震动了，一定要拜他为师。她认为心理学有助于了解人内心更深层的东西，排忧解惑，且对文学作品创作有利。但是弗洛伊德却拒绝收她当徒弟，也许他觉得她只是凑热闹，这样游走在上流社会的名媛什么事都爱插上一手，但是"精神分析学"——多么高深啊，哪是她能介入的？面对弗洛伊德的嘲笑，莎乐美既没有怨怼也没有放弃，她用六个月的时间学完了精神分析学的基础课程，再去维也纳拜访弗洛伊德。弗洛伊德这次竟然迫不及待地收下了这位徒弟，原因是她说她要同时向阿尔弗雷德·阿德勒学习——阿德勒是弗洛伊德的死对头，在阿德勒门下学习的人休想成为弗洛伊德的学生。不知道是莎乐美太天真太冒失，还是太过古灵精怪，用此法成了弗洛伊德的及门弟子。不过她妙趣横生的幽默感确实吸引了弗洛伊德，再加上她超群的悟性和过人的才智，若成了别人的学生，心胸不怎么宽阔的弗洛伊德也不甘心吧。

后来，这门新学说也确实让莎乐美开阔了视野，对人及人的内心世界有了更深的理性认识。她曾撰写过《性爱》和《物质的爱情》，探讨为人们所避之犹不及的性意识，但是并不深刻，如今利用弗洛伊德的理论可以把这些早已闪现于脑际的思想挖掘到更深。

莎乐美很快在精神分析学界赢得了一份赞誉，但是她与弗洛伊德的关系止于师生，没有由崇敬发展成爱慕，他们之间确实成了她一直要求的那种"体贴的兄长，信赖的朋友""没有一丝异性吸引"的关系，这在莎乐美和男人的交往中是不多见的。

莎乐美与弗洛伊德没有爱情关系，却俘获了弗洛伊德门下最有才华的弟子维克多·陶斯克。当陶斯克想要稳定和永恒的时候，莎乐美再次离去，她要保持对自己的忠诚，所以她不会忠于任何男人，因为"忠于"某个人的意志，无异于践踏自己的意志。在莎乐美看来，"爱情只是风暴，只是彩虹，只是海市蜃楼，想把它固定在婚姻的框架中是不现实的，也是不明智的。"恋爱中的女人犹如"一棵等待闪电将其劈开的树"，她要么牺牲自我，要么对男人"不忠"。

PERSONAL NOTES
OF LOU ANDREAS-SALOMÉ
(1912-1913)

　　很多年以后，陶斯克有了自己的诊所，有了心爱的女人，却在结婚的日子，将脖子伸进窗帘的拉绳套，开枪自杀了。作为精神分析专家，或许陶斯克还是对婚姻持着传统观念，婚姻是神圣的事情，他要的那个人必须是特定的"那一个"，他认定的那一个，即莎乐美。若换一个，就是用了替代品，这是对爱情和婚姻的玷污。

　　这是第二个因莎乐美自杀的男人，或许成就自己有时候是以牺牲他人为代价的，正如萨特所言：他人即地狱。意志与意志之间很难并行不悖。莎乐美对弗洛伊德说："可怜的陶斯克，我曾爱过他，认为了解他，却从未想过他会自杀。这种死亡的方式既是一种暴力行为，同时也是一个承受过巨大痛苦的人的最佳选择。"她的这种言论也许会被某些人指责为冷酷无情，但换一种角度看也不失为一种智慧。

莎乐美是弗洛伊德家的常客，她对大师的观点也不是盲目地全盘接受，从弗洛伊德与荣格的决裂看，弗洛伊德也是个霸道容不得异于己见的人，但是对于莎乐美的不同见解却给予称赞，他认为她是对这门学说理解很深的人，她虽然没有自己独创的观点，但能用自己的语言复述大师们的思想，后来发表了一些关于精神分析方面的论文，还在弗洛伊德的帮助下开了一家心理医疗诊所。

弗洛伊德的书架上一直摆放着莎乐美的照片，两人保持二十多年的通信，此时正是关于精神分析学会的大论战、大分裂时期，所以他们的通信有极高的学术价值，后来莎乐美写作《师从弗洛伊德》一书，也成为精神分析学历史的文献。

此前她还写了关于里尔克的书《赖纳·马利亚·里尔克》，关于尼采的书《弗里德里希·尼采及其著作》，而她的《与上帝之争》中也有尼采的影子，德国作家萨尔勃曾评价莎乐美，说她是一位"具有非凡能力的缪斯，男人们在与这位女性的交往中受孕，与她邂逅几个月，就能为这个世界产下一个精神的新生儿"。她的这些传记和研究是否就是对这些"精神的新生儿"的总结和缅怀呢？！

在天才的行列中行走的同时，莎乐美是否忽略了背后那个默默无闻的丈夫？这样异于常人的关系也并非完美无缺，他们的婚姻经常濒临崩溃，但却似乎被一股强大的力量黏合着。她曾试图为丈夫另找一个女人来代替自己，然而他却只要她一个人，因为无人可以代替。他要的就是她，不是别人，这种激烈的方式如当初一样，那股蛮劲不是做出来的，始终如一，非如此不可。

当他们老了，在感情上开始需要对方，彼此偎依，相互为伴，"为什么从前就不能像如今这样给对方更多一点了解自己的时间？"他们惋惜地叹息着。安德烈亚斯比莎乐美大十五岁，他于1930年去世，莎乐美第一次感到了孤独的可怕，原来他们彼此依存的关系由来已久，因习惯视而不见。忽然想到钱锺书的那个短篇小说《猫》，游走在男人中的李太太忽然有一天被告知，一向沉默寡言百依百顺的李先生跟一个女孩子走了，她才忽然老了，仿佛身体塌下来的衰老，风头、地位、排场，像一副副重担，疲乏的她再挑不起，她不想再为这些人年轻、美丽、骄傲了……也许她能在外面风光无限，是因为后面永远有一个支撑，他让她踏实，她才可以勇往直前——如果安德烈亚斯一直在，她或许永远不知道孤独的滋味，不知道"伴侣"对她的意义。

七年后，七十六岁的莎乐美因糖尿病引发的尿毒症造成心脏不适，继而停止了跳动。

莎尔美的女友爱伦·德尔普曾指出，她在莎乐美身上看到了饱满充实的人生所必备的三种激情：对爱情不可遏止的追求，对真理不可遏止的探寻，对人类苦难不可遏止的悲悯。正是这三种不可遏止的激情使她成为魅力无穷个性独具的尤物，那些傲睨人间不可一世的天才也只得纷纷拜倒在她的石榴裙下，为她迷狂，为她痛苦。莎乐美的另一位朋友即瑞典的精神疗法医生希尔·比耶尔也曾特别指出："莎乐美可以在精神上对一位天才全神贯注，却不能彻底与之融合。这或许是她生命中真正的悲剧。她渴望从自己强烈的个性中解放出来，却得不到拯救。从某种深层意义上说，莎乐美是一位未曾获救的女人。"

行走在边缘，就不能体验极致的愉悦，或许这就是太聪明太能跳出感情永远无法彻底沉浸的人的悲哀，一体两面。莎乐美无法与人融合，所以表面热闹，内心孤寂。她用与天才的交手来驱遣她的孤寂，或许还有虚荣心。莎乐美的孤独与尼采的孤独不同，她是强悍的，能够强悍地平静地活着，不会大悲大喜，大伤大痛，久而久之沦为机械化的人，她以完美的外在吸引人，却无法让自己的内核与对方交融，她在享受自我的同时，也失去了另外一部分的快乐。或许，这就是人的局限。

有时候我会想，假设尼采真的与她在一起，像淘一口古井，深不见底，以为埋藏着宝藏，可是淘啊淘啊，仍旧深不见底，一生都淘不到最底层的东西，淘不出个所以然来，他会不会很失望？其实那井底什么也没有，这也是为什么她从小给人的印象有点孤僻、落落寡合、心智非常早熟的原因。她是用脑子活着而非心灵，她的脑子装满了知识，对知识的渴求成了她一大支撑，内心如黑洞般匮乏，需要源源不断地充填。

沉思的莎乐美

Elizabeth · Barrett · Browning

伊丽莎白·巴雷特·勃朗宁

勃朗宁夫人

我很脆弱，但我敢于拿爱情来报答爱情

///

当我拥抱着你的时候，我仍然想你。男女之间究竟有没有这种感情？勃朗宁夫人给出了最好的注解。

勃朗宁夫人是英国维多利亚时代最负盛名的女诗人（不是之一），当然，她不是天生的诗人，是希望和爱情使她成为了诗人。

勃朗宁夫人婚前的名字是伊丽莎白·巴雷特·莫尔顿，父亲是经营香蕉园很成功的种植园主，在英格兰伍斯特郡拥有一片达500英亩的领地——那就是莫尔文丘陵，这片土地洋溢着典型的英格兰风情，少女时代的巴雷特经常牵着心爱的英国纯种马从别墅的马厩里出来，沿着芬芳四溢的花园墙壁踱步，出了花园大门，她就飞身上马，去拜访领地周边的朋友们。巴雷特生来身体虚弱，但是她热爱大自然，莫尔文丘陵地区分布着大片的森林、开阔草地和美丽的湖泊，简直像是童话中的王国。她有十多个兄弟姐妹，都接受了维多利亚时代那种脚踏实地的教育，他们要么一起在别墅里排练家庭舞台剧，要么去丘陵区采集植物标本。总之，在十五岁之前她享受着贵族小姐的全部特权，同时又没有旧式贵族的繁文缛节。然而十五岁之后，她的生命却急转直下，仿佛戴上锁链的天使，一下子坠入了黑暗的深渊。那一年，她骑马出行的时候从马背上摔了下来，摔伤了脊椎，从此便委身病榻，再也不能像正常人一样行动了。

巴雷特就像被黑女巫梅尔菲森特诅咒过的公主罗拉，从此陷身于黑暗中，只有他的王子才能拯救她。命运还真的为她安排了一位王子，那就是小她六岁的勃朗宁。当然，此时她并不知有这样一位男神存在，就像村上春树的小说《1Q84》描写的川奈天吾和青豆雅美，两个并无交集的年轻人在各自的世界里生活，然而他们之间存在神秘的联系。

总有一天我会在什么地方遇到他，是偶然的。我只想静静地，珍重地等待着这个时刻。也许，少女巴雷特心中未尝不怀着对这种遇见的期盼，因为孤独以它特有的形式折磨着她。当孤独足够强大，它就像是一种酸液，会腐蚀人的心灵。也许是为了抵御孤独，巴雷特选择了阅读。

从莫尔文丘陵区的湖边上吹来的晨风拂过玫瑰园，带着玫瑰的香气吹进了巴雷特的窗子，她尝试着坐起来，却引起背部一阵的剧痛。疼痛使她沮丧，也使她愤怒，她奋力将手中的诗集《失乐园》扔向窗外，却因为力量太小书籍只砸中了窗前的仿中国花瓶，瓷瓶摔碎了，瓶中已经干枯的蔷薇花四散在地，暗红的花瓣带着一种祭奠的气息。早先这个季节，她总是拿着一本诗集在花园里看。就算是并无阅读的打算，她在花园里的时候也总是带着一本书。她收集花瓣，有美丽叶脉的植物落叶，将它们夹在苏格兰纸印制的诗集中。植物的叶子干透，像标本一样美丽，消失的水分在书页间留下下凹的痕迹。现在，那些叶子的标本还在，而她却再也不能收集这些标本了。也许，她也成了一种标本。虽然保留着叶脉的分叉的骨骼的天然美，却已经脆弱不堪，轻轻一碾就碎了。

　　她越想越愤怒，我什么也做不了，就连扔一本书的力气也没有。女仆听到花瓶打碎的声音，赶紧走了进来，将地上的书捡起来放置在床边的桌案上，并很快清扫掉了地上的碎瓷片。连同散乱的花枝，凌乱的花瓣一起都清扫掉了。

　　我只是一个残废的病人，一个残废的女人，她绝望地想。对她来说，青春就像干枯的蔷薇花，尽管还有一丝鲜亮的色彩，却无一丝香气，是徒具花魂的标本。对她来说，生命的意义只剩下对孤独的反抗，咀嚼，反刍和吸纳。对于一个内心柔软，且丰富的人来说，孤独的意义究竟何在？在正常的环境里，大多数人不会主动寻求孤独。精神健全的人往往通过与外界联系建立人际通道，这个通道包括与固定的对象建立亲密关系，更进一步就涉及爱。一个人有爱的能力，意味着他在其他方面也是健全的。同样，当一个人刻意寻求孤独，可能意味着他建立亲密关系的通道受阻。但是，处在巴雷特这种环境，她是否被动地处于隔离状态，离群索居了呢？没有，因为有人爱她。

巴雷特的父亲虽然严厉，但是却很关心和重视子女们的教育，他为女儿聘请过多位语言教师，他们不但教她学习系统的英文课程，还教她拉丁语。巴雷特对语言有极高的领悟能力，她能阅读大部分拉丁语作家的作品，还自学了希伯来文，可以毫无障碍地阅读《旧约·圣经》的篇章。当然，她也绝不会绕开文艺复兴时期的作品，她超爱但丁，大爱弥尔顿，当她缠绵病榻的时候是弥尔顿的《失乐园》和但丁的《炼狱》安慰了她，他们唤起了她对生命的热情。她还阅读伏尔泰、托马斯·潘恩以及女权主义先驱玛丽·沃斯通克拉夫特的作品，后者的《女权辩护》对她影响极大，使她对女性权利有了新的认识。

玛丽·沃斯通克拉夫特认为女性并非天生在思维与行动能力上低于男性，只有当她们缺乏足够的教育时才会显示出这种不足，是教育不足导致大部分女性缺乏正确的认知。受到充分教育的女性，不止是男性的妻子，而且是能够成为他们同等地位的伴侣。女性所需要的不止是外貌和举止，还需要心灵的塑造。她还批判了卢梭"女性无须理性教育"的观点。她认为男性和女性同属于有理性的生命，人类可以在理性之上建立男女平等的社会秩序。玛丽·沃斯通克拉夫特的作品使巴雷特认识到，男性的地位的产生并不是天然的，而是家庭在教育上更加偏重于男性，进入社会后男性的接触面更加广泛，思维接受的训练远比女性多。女性长期受不到良好的教育，即便是受教育也仅限于狭窄的范围，在现实生活中的社交面也非常狭窄，就连地位较高的贵族和富商家庭的女性也不例外，而普通女性的生活面就更加窄狭了。由于受教育程度较低，她们丧失了心灵塑造的可能，从而变得愚蠢而无知，精神无法独立，只能任人摆布。在经济上，女性受制于家庭和婚姻，婚前从属于父母，婚后是两个家族联姻的产物，财产上受制于丈夫，这就导致经济无法独立。文学作品和女权主义的读物，大大拓展了巴雷特的精神世界，她逐渐成为了一个思想独立的人。

巴雷特二十岁的时候，盲教师博伊德来到了她的家中，教她学习希腊语，从而掀起了她对希腊戏剧的热情。她如饥似渴地阅读荷马、品达、阿里斯托芬的戏剧作品，古希腊剧作中燃烧的因子点燃了她本就敏感的内心，她开始尝试诗歌创作。如果说，此前她受到了理性主义的塑造，使她获得了强大的内心。那么希腊戏剧则使她重获活力，追求真实和激情。这时候，她的身体得到了一定程度的恢复，而且情绪也开朗了很多，经常当众朗读诗歌，并在仆人的协助下参与社交活动。

大约在1832年之后，巴雷特父亲的生意遭受到了一些打击，

伊丽莎白·巴雷特·勃朗宁（Elizabeth Barrett Browning）

卖掉了莫尔文丘陵区的别墅和土地，举家搬迁到伦敦温坡街的50号，在这里她首次以真名发表了自己的诗歌《天使及其他诗歌》，此后她陆陆续续有诗作面世。这一段时间巴雷特的身体时好时坏，家人认为德文郡的海滨气候有助于她的疗养，因此由她最喜欢的哥哥爱德华陪同去那里，然而爱德华却在游泳时溺死，这使巴雷特非常悲痛，精神几乎崩溃，长达几个月躺在床上足不出户，身体也大不如前，在此后长达五年的时间里，除了家人之外，她几乎不见任何人。她仿佛睡美人一样，重新回到了黑暗中。只有一个人能够解救她，那就是她的王子。就像沉睡的罗拉一样，只要菲利普王子的轻轻一吻，就立刻从黑暗之牢重回光明的殿堂。

在伦敦阴暗潮湿的天气里，温坡大街50号的房子仿佛一座幽暗神秘的地穴，从泰晤士河上吹过的风带来了大海潮湿咸涩的气流，穿过门廊，进入窗子，湿润着巴雷特的脸颊。她望着窗子上充满维多利亚风格的精细垂花的雕饰，一朵绯红的云正装饰在檐口的肋状物上。此时的她就像古希腊神话中被献祭给海怪克托的埃塞俄比亚公主安德洛墨达，被用铁链绑缚在海岬的岩石上，巨浪翻涌，波涛中闪现着海怪克托狰狞的触手。死亡就像这海怪的邪恶爪子一般，随时会夺走她的生命，而她还从未领略过生命的美好。

1845年的5月，巴雷特的朋友约翰·凯尼恩介绍了一位名叫罗伯特·勃朗宁的诗人给她，起初巴雷特与勃朗宁只是通信，但很快他们就见面了，就像童话里的菲利普王子，他打败了黑女巫；或者像希腊神话里的宙斯之子珀耳修斯，他打败了海怪克托。总之，她获救了，她被拯救了。

勃朗宁富有才华，读过她大部分已发表的诗歌，对她充满了钦慕和爱意。而此时巴雷特已经三十九岁了，不但罹患重疾，而且因常年卧床形容憔悴，她不相信这个三十多岁的青年会爱上自己。人在年轻的时候会迷失于对崇高理想的仰望中——比如爱情和道德，过高估计了理想的力量。一旦踏入婚姻的大门和现实的沟壑，是否还能用仰望的心态来平视拥有的一切，则殊为难料。因此，当勃朗宁向巴雷特求婚时，她虽然欣喜但仍然拒绝了。实际上，不止是巴雷特自己对勃朗宁的求婚缺乏信任，就连她的父亲巴雷特先生也充满怀疑，因而坚决反对。

勃朗宁并不因受挫而灰心失望，他写出了一封又一封洋溢着深情的情书，一次又一次向巴雷特表达自己的爱意，证明他不是因为冲动而求婚，也不是因为渴望爱而昏了头，他是在理性的思考之后做出的决定。巴雷特仿佛受到了神性的沐浴，她不再将自己锁在房间里，不再做一个精神上的隐者，她决定离开那张依赖多年的床。起初巴雷特允许女仆将她抱到户外晒太阳，之后便在仆人的搀扶下开始蹒跚走路，最后她居然可以抛开仆人走到大街上去了。

面对勃朗宁炽烈的爱，她说，如果到了天气暖和的时候，我的健康更好一些，那么到那时候，由你决定吧。在婚前的日子里，他们从未间断过书信来往，几乎每天都要写信。她终于接受了勃朗宁的爱，因为这是她生命的唯一机会。她后来在《葡萄牙人十四行诗集》的第一首中写道：

> 我想起，当年希腊的诗人曾经歌咏：
> 年复一年，那良辰在殷切的盼望中
> 翩然降临，各自带一份礼物
> 分送给世人——年老或者年少。
> 当我这么想，感叹着诗人的古调，
> 穿过我泪眼所逐渐展开的幻觉，
> 我看见，那欢乐的岁月、哀伤的岁月——

我自己的年华，把一片片黑影接连着

掠过我的身。紧接着，我就觉察

（我哭了）我背后正有个神秘的黑影

在移动，而且一把揪住了我的长发，

往后拉，还有一声吆喝（我只是在挣扎）：

"这回是谁逮住了你？猜！""死，"我回答。

听哪，那银铃似的回音："不是死，是爱！"

——方平译

命运仿佛是一场恶作剧，当她以为是死神来临的时候，却是爱神。她在诗中说，年复一年，那良辰在殷切的盼望中——简直是望眼欲穿，然而却从天而降。对巴雷特这样的女子来说，爱情不止是生命的光，更是她的宗教。爱不止能够拯救她的灵魂，也拯救了她的身体。甚至可以说是一个奇迹，一个在病榻卧病达二十四年之久的女子，居然在爱的力量下站了起来，重新回到了阳光下，她不但能够像正常人一样行动，也获得了正常人所拥有的一切，包括孩子。没错，她不但成为了一个妻子，还成为了一个母亲。成为母亲是所有女性的天然权利，任何人也无权剥夺。

成为勃朗宁夫人并不容易，因为对于这桩婚姻父亲自始至终都是反对的，尽管巴雷特和勃朗宁的意志如此坚决，但仍然遭到包括父亲在内的众多人的反对，最终巴雷特与勃朗宁决定效仿他们喜欢的诗人雪莱，准确地说是像雪莱夫妇一样——私奔。1814年，不见容于英国社会的诗人雪莱在政治上和诗坛上都遭到多方面的排挤，在情感上也遭受挫折，他便携十六岁的女友玛丽私奔意大利。勃朗宁和巴雷特按习俗举行了结婚仪式，为了避免来自世俗社会的压力，实际举行的是秘密结婚仪式（当然没有得到巴雷特的父亲的祝福）。父亲因为他们的私下结合，甚至剥夺了巴雷特对财产的继承权（当然事后，她还是获得了属于她的那部分财产的继承权）。之后，勃朗宁夫妇迅速离开了英国，分头前往意大利的比萨，在那里会合。1849年，勃朗宁夫妇移居意大利中部的佛罗伦萨，他们的儿子小罗伯特也在那里诞生。

移居意大利后，勃朗宁夫妇几乎每天都在一起，简直像初恋的情人一般难舍。佛罗伦萨是文艺复兴的中心，米开朗琪罗、达·芬奇、拉斐尔、提香、但丁等巨人曾长期在这里活动，有大量的历史遗迹、美术馆、博物馆、书店和文艺沙龙。勃朗宁夫妇不但在这里建立了新居所，还结识了很多新朋友。他们的居所分为上下两层，一楼是餐厅、会客厅、客用洗手间以及夫妻两人共用的书房。二楼是卧室、婴儿室、浴室、洗手间和勃朗宁夫人用于身体恢复和训练的一间练习室，还有一间勃朗宁夫人专用的私人小书房。除了参加社交活动，勃朗宁夫人经常一个人在专用的书房里阅读和写作。

勃朗宁知道妻子在写诗，但对创作的内容却完全不了解，因为这是妻子的秘密。勃朗宁夫人每次完成作品后，都非常小心地将诗稿藏好。直到有一天，勃朗宁正站在窗口看着街市上的风景，忽然感到妻子从后面抱住了自己，将一卷诗稿放进了他的口袋。她不允许他回头，叫他等自己离开后再看，如果觉得不好就丢弃掉，然后逃也似的朝楼上跑去了。勃朗宁打开诗稿，是十四行诗，专属于爱情的诗歌。他只看了一半就激动得叫了起来，这是自莎士比亚以来最出色的十四行诗。他兴奋地朝楼上奔去，紧紧地抱住了妻子。勃朗宁夫人用她诗人的手笔将两人的爱情之路写了下来，从最初的犹疑、不安，到内心的喜悦和快乐。她的作品是如此饱满、丰盈，洋溢着内心强烈的爱的力量，与大多数爱情诗歌中充斥的畸情、伤情、煽情相比，一言以蔽之，思无邪，简直算得上一种"爱情教育"范本，是可以给青年男女当爱情教科书的作品。那么酣畅淋漓，却又不虚饰造作，堪称英语诗歌中璀璨的语言宝石。

　　勃朗宁夫人认为这些作品仅属于对方，是纯粹的私人化的东西，是自己对丈夫最高的爱情回报。但勃朗宁认为这些诗歌太棒了，不该只属于他私人，而应该使所有读者都看到。当然，最初发表这些诗歌的时候，勃朗宁夫人并未使用真名，甚至连这组诗歌也用了一个掩人耳目的名字，叫作《葡萄牙人十四行诗集》，仿佛这些作品出自一个外国人之手。

　　对于有些人来说，爱情只是柴米油盐醋的内核，而对于有些人来说，爱情却是生命。勃朗宁夫人无疑是一个视爱情为生命的人。或者说，爱情还是点燃希望之火的种子，使她从死神的羽翼下逃脱，并将所有的心曲写到纸上。至于勃朗宁，他是这样一个男人，他对巴雷特的不止是情感上的心心相印，还是对她全身心的守护。东奔西顾在《妖孽也成双》中说，其实最好的日子，无非是你在闹，他在笑，如此温暖过一生。勃朗宁和巴雷特具有很多相似的特质，他们都富有激情，拥有丰富的内心和蓬勃的生命力，勇于冲破世俗的羁绊，从属于自己的本心。巴雷特敏感、羞怯，勃朗宁温和、从容、果敢，他们就像是从同一块大理石上切割下来的部分，有着温和的花纹和相似的纹理。当他们处于不利的环境中，即便是在父亲反对，近乎被家族驱逐的情况下，他们依旧选择了爱情。爱情不止是生命的黏合剂，还是生命的归宿。

他们如此离不开对方，以至于连上帝都不忍心，使他们在意大利
建立了爱情的宫殿，并始终完美。勃朗宁夫妇尽管崇拜雪莱，然
而其实勃朗宁与雪莱不同，他才华横溢，同时温柔，善解人意，
始终如一，而雪莱却善变，甚至于三心二意。所以说，他不止是
她的爱人，还是她的守护天使。

勃朗宁夫人是一个活在当下的人，更是一个诗人。她随时在
体验，或者说她的生活本身就是体验。她把生活当作诗歌，或者
说生活只是诗歌的现实体现。在她生命的前期，她用古希腊罗马
诗人留在时间长河里的文字来对抗黑暗。在她生命的后期，她用
诗人激情的笔书写自己的生活，在尚属保守的维多利亚时代，她
将自己的情感纳入了文学史。与大多数作家或者诗人不同，她不
是把自己的生活当作写作的材料，她的目标不在于构建文本，而
在于"自己"，生活本身即诗歌。这使得她的诗歌有一种我手写
我口的朴素，平白浅近，文字激情澎湃，感染力很强。对她来
说，如果说只有一个读者，那就是勃朗宁。对她而言，真正的读
者只有他一个人。

所谓世间，不就是你吗？

她的诗歌中不仅写满"爱情"，更是对勃朗宁的写实。她渴望他，记挂他，想念他，却又怀着忐忑。我们在这些文字里找到了一种心灵的真实，一种女性对具体人的文字性的"重建"。当两个相爱的人分处两地，他们通过想象和思念来完成对彼此的灵魂的认知。同时，当一个人在面对一个具体的人时，内心其实也在对应地构建更加逼真的灵魂。我想起日本作家太宰治说过的一句话：渐渐地，我开始想念一个人，想得不得了，想看见他的脸，想听他的声音，想得不得了，好像是腿上扎着滚烫的针灸，只能忍耐着不动一样。

勃朗宁夫人的很多诗誉满诗坛，其中我最喜欢的一首叫作《我的棕榈树》。她在这首诗中写道：

> 我想你！我的相思围抱住了你，
> 绕着你而抽芽，像蔓藤卷缠着树木、
> 遍发出肥大的叶瓣，除了那蔓延的
> 青翠把树身掩藏，就什么都看不见。
> ⋯⋯ ⋯⋯
> 看着你、听着你、在你荫影里呼吸着
> 清新的空气，洋溢着深深的喜悦时，

我再不想你——我是那么地贴紧你。

这样爱一个人，那是怎样一种痴迷。被一个人这样爱着，那是一种怎样的感觉？这首诗中激扬的爱，远远超出了勃朗宁夫人那单薄的身体。泼辣，酣畅，像燃烧的火，决堤的水，完全消解了文字和语言之间的障碍，不是表述在纸面上的僵死的文字，而是带着某种声音和气息，仿佛是面对面的表达和触摸，是一种血管里的澎湃声，打破了英语诗歌中的那种优雅，令人想起中国的一首民歌：世上只有藤缠树，人间哪有树缠藤。树死藤生缠到死，藤死树生死也缠。对于树木这种植物，不论是产于东方的落叶乔木也罢，还是西方诗人笔下经常出现的棕榈树也罢，都有一个共同点，那就是高大，生命力旺盛强悍，是男性的象征。藤是一种柔弱的植物，是女性的象征，这种象征带着一种生命的坚韧和刚烈。高大的树木生命力旺盛时，她缠绕着；高大的树木成为一截枯木，她依旧缠绕着，就像彼此拥抱的两个人。树木也许会因丧失生命而失去活力，但是藤在干枯后仍旧保持拥抱的姿态。就像勃朗宁夫人描写的，看着你、听着你、在你荫影里呼吸着。

诗歌的表达不同，但是内核相同，甚至千百年来，不同民族的人的情感内核也没有太大区别。《血色浪漫》中钟跃民和秦岭对唱的那一段信天游中唱道：

> 一碗碗个谷子两碗碗米
>
> 面对面睡觉还呀么还想你
>
> 只要和那妹妹搭对对
>
> 铡刀剁头也不呀后悔

　　孤独在勃朗宁夫人内心形成的坚硬内核，只有爱情才能溶化。一旦这个内核化开，就像是金属溶液一般炽烈。她为了与勃朗宁结合，不惜与父亲决裂私奔意大利，确实有一种铡刀断头而不悔的义无反顾。她用爱情来报答爱情，用独立的自我面对至爱的人。

　　从勃朗宁夫人的作风来看，她更接近一个现代主义女性。她阅读了欧洲大量古典作品和思想启蒙运动时期的思想力作。她寻求独立，不止是在经济上和精神上，还包括在生活上。她要求自己有独立的生活空间，专注于写作和阅读，保持部分心灵的秘密。她不从属于任何人，在爱的前提下，她只属于他——勃朗宁。她的爱是炽烈的，毫无顾忌的，健康的，旺盛的，甚至是不留余地的。

1861年，勃朗宁夫人去世了，她安静地躺在爱人的怀里。就像电影《返老还童》中那样，一生爱着一个人，不论是神采照人，还是年华逝去，最终死在爱人的怀里，像一个婴儿那样安静。勃朗宁夫妇一起生活了十五年，他们几乎不曾有过分别，几乎日日都在一起。就连临终前，勃朗宁夫人还在和丈夫讨论夏季旅行计划。也许她只是倦了，想在爱人的怀里睡一会儿。

Simone · de · Beauvoir

西蒙娜·德·波伏瓦

波伏瓦

女 人 不 是 先 天 生 就 的 ， 而
是 后 天 形 成 的

//

波伏瓦说："我绝不让我的生命屈从于他人的意志。"当她
二十一岁，以其特有的敏锐和智慧取得法国哲学教师资格考试第
二名时，似乎证明了这话不只是说说而已，第一名是萨特。他们
的名字联系在一起，精神也开始结合，这是一种知性的结合。

第一次见面，波伏瓦就给萨特留下了深刻的印象，他说："我认为她很美，我一直认为她美貌迷人，波伏瓦身上不可思议的是，她既有男人的智力，又有女人的敏感。"智性相同的人才容易成为朋友，两人很快单独约会。长长的散步，停不下来的谈话——他们在一起能谈论的东西太多了，人生、哲学、文学、前途……这样的契合让两人都欣喜不已。

毕业后，萨特要去军队，所以不得不分别，他们许下承诺：在分别的日子里，我们虽然不在彼此的身边，但要一直保持一种亲密的关系，不许欺骗对方而且要对对方无话不谈。但是，萨特还提出一个近似荒谬的合同：他不会和她结婚，而且，他要尽其所能地得到所有的女人。这样的要求肯定会吓坏一般的女子，但波伏瓦欣然同意了，而且后来，萨特要求和她结婚时，她也拒绝了。

当人类经历了"一妻多夫制""一夫多妻制""多夫多妻制"的社会，终于在"一夫一妻制"固定停留下来，这被称为最科学最安定的组合模式，可是，"一夫一妻制"真的是最科学最好的生活状态吗？钱锺书用一部《围城》对"围城"内外的男女极尽讽刺，《爱杀17》用自身的堕落反击父母的貌合神离，《无法忍受》里的几对夫妻忍受婚内监狱般的折磨，我们不由得怀疑，当下的婚姻模式是否只是另一种形式的束缚？

到底有没有更好的，更符合人性的组合方式？没有一种人际关系的形式是不可改变的，也没有一种人际关系的形式是不可能创造出来的。当大多数人听之任之随波逐流的时候，萨特与波伏瓦提出了一种尝试：共同建设一种自由、平等、相互信任、相互给予的超越传统的爱情关系。他们订立了一项契约，两人将永远情投意合、将不惜一切代价维护这种关系，但同时双方保证各自在生活、感情和性的方面享有充分自由，条件是永远不隐瞒和撒谎。

这是对三纲五常、基督天主的挑战，先不论结果如何，终究是为自由而战。既保持了各自的独立，也避免了因婚姻的静止性带来的厌倦，波伏瓦说："我们毫不怀疑地根据自己的意志行事，自由是我们唯一遵循的原则。"

此后他们确实是保持各自的独立，尊重各自的生活和情人，虽然大部分时间处于分分合合的境地，但是他们对彼此的感情却没有像很多婚姻中的感情一样"厌倦到终老"。

人是容易厌倦的动物，但是婚姻并不是解决厌倦问题的最佳途径。就像治水，需要的是疏通，而婚约大多数时候成了用来堵塞的那堆不稳固的土墙。

五十多年来，他们之间没有发生过大的摩擦，虽然期间也有过嫉妒、责问，但彼此都知道那些情人都是激情的产物，很快就烟消云散了，只有他们之间的爱情才具有世俗的超越性。有一次，波伏瓦写信追问萨特与一女子的关系，萨特回信说：亲爱的海狸，和她们在一起时，我感到很快乐，但只有我们在一起时，我才是我自己。

也确实出现过一个强劲的情敌，是德洛丽丝·费奈蒂，萨特曾想不顾与波伏瓦的约定而跟她结婚。波伏瓦为了报复他，与芝加哥作家纳尔逊·阿尔格伦发生暧昧关系。她与阿尔格伦真正经历了一场双人恋爱，他为她买了一枚银戒指，她直到死一直带着。如此波伏瓦与萨特的关系摇摇欲坠了，但是她还是回到了巴黎，萨特也放弃了费奈蒂。

在没有婚书保障的情况下却坚持到最后，这是思想上的共振，感觉上的共鸣，心灵上的互相需要。波伏瓦写道："我们不发誓永远忠诚，但我们的确同意延迟任何分手的可能性，直到我们相识三四十年的永远的年代。"

这有赖于两人坦诚相对，赤裸对话，对对方丝毫无隐瞒。这既是人格的力量，也是极度信赖的结果。

他们是阅读对方作品的第一人，互相激励，彼此成就。事实上，波伏瓦对萨特的付出完全超出了妻子的概念，他们的关系远远超过了婚姻。在萨特生命的最后十年中，他的身体一直很差。中风，神经错乱，认不清身边的人。从那时起，波伏瓦减少了自己的写作，每天照顾他的生活。萨特在弥留之际用不连贯的话叫着波伏瓦"妻子"，并不断地表达他十分爱她。

后来，在回忆录中波伏瓦写道："遇见萨特是我一生中最重大的事件。"萨特也多次向外界表示："波伏瓦是上天给自己最大的恩赐。"

1980年，萨特去世，法国为其举行国葬，波伏瓦作《永别的仪式》，并在萨特的墓志铭上写道：他的死使我们分开了，而我的死将使我们团聚。六年后，波伏瓦去世，法国同样为其举行国葬。

波伏瓦与萨特

1999年，法国通过了一项法律：男女只需办理契约合同而不用办理结婚手续，亦可成为契约式的生活伴侣。

这无疑是对两位大师生活方式的肯定，法国，这个浪漫的国度对他们做出了最好的纪念。

　　萨特一直视波伏瓦为最理想的精神对话者。他喜欢对她说："我们的结合是一种本质上的爱。"

　　什么样的爱才可以称为本质上的爱呢？我一直认为维系爱情或者说婚姻的有四条线：物质线、习惯线、情感线、精神线。

　　大多数人被物质线联结在一起，合作规律、习俗观念、原始欲望，比如相亲活动。

　　一些人被习惯线联结在一起，在一起习惯了，依赖了，离不开了，比如学长学妹。

　　还有一些人被情感线联结，因爱慕而接近，因接近日久生情，比如梁祝和罗密欧朱丽叶。

　　极少数人被精神线联结，心灵相通，志趣相投，在精神上相互吸引，彼此需要，比如萨特和波伏瓦。

　　越往后的联结线越牢固，直至不需要任何契约。

马斯洛说：某些人是较为抽象的思考，因此，他们很自然先会想到统一性，想到整体、无限性和其他诸如此类的概念；而另外一些人的精神则是具体的，他们往往考虑着健康与疾病、利润和亏损，他们创造了圈套和悲剧，他们几乎不对别的知识发生兴趣，他们总是试图去劳作、付酬、治愈。

获得第四种爱情的人只能是马斯洛所定义的抽象思考的人，所以是极少数。大多数平庸，极少数才是精华。

但是，萨特和波伏瓦的爱情也遭到了非议，甚至有人把《危险的关系》说成是影射两人肮脏行径的书，其实那本书写于18世纪，比他们的出生都早了两百年，这明显的诽谤也见出超出常规的生活为多少人所不齿。

电影《花神咖啡馆的情人们》也把这种理想拉到一地鸡毛的情景，面对如此不堪，也有人说：何苦要这样拍他们呢？

我一直崇尚他们不用婚约维持的爱情，唯美、浪漫，却被电影撕下面具，还以为是为了自由，其实不过是为了标榜自由。一个是身体的囚徒，一个是思想的囚徒，在自设的束缚和标签中挣扎。很难想象写出《存在与虚无》的萨特会是这样的一个人——当他明白存在即此刻的时候，他就享受此刻，毫不伪装，原来真实的他是这么个小丑模样。不过是芸芸男人中的一枚，男人的劣根性，在他身上，一点不少，却因着才华的优势，涂上一层神圣的色彩；而波伏瓦——女人即是女人，不是变成了男人才能显示平等，而是彻底回归女人之美，把女人之美放在与男人同等的位置上才是平等，伍尔夫在这一点上做得很对——波伏瓦莽撞得有点像萧红，不知其所以然，一生好像都在赌气。他们把贪婪包装成自由，果然是彼此的垫背。我玩累了的时候还有你，你玩累了的时候还有我。这根线似乎不那么牢固了，嫉妒，恐惧，分离，最后再在一起，却不是因为爱情，不是因为心有灵犀，不是因为心与心的需要，却是因为那张"伟大"的合影。

我认为这部电影一定有"诽谤"的成分，但关于在男女角逐的战场上，女人处于劣势的因素却有一定的道理。

当得知萨特和德洛丽丝·费奈蒂相爱且深感无法分离时，波伏瓦忍不住问萨特："你爱我还是爱德洛丽丝？"萨特毫不犹豫地回答说："我爱德洛丽丝，但我现在是和你在一起。"她深感绝望，为了抵抗这种绝望，波伏瓦写作《第二性》，这是一本被誉为"有史以来讨论妇女的最健全、最理智、最充满智慧的一本书",甚至被尊为西方妇女的"圣经"。这本书涵盖了哲学、历史、文学、生物学、古代神话和风俗的文化内容,也可见出波伏瓦的博学,以及她的逻辑清晰,丝丝入扣的辩证能力,纵论了从原始社会到现代社会的历史演变中,妇女的处境、地位,女性总是处于从属地位,受到男性和社会的束缚。但是这种束缚不是从来就有的,不是上帝或者什么伟大力量所规定的,波伏瓦在书中说,女人是生成的,是在男权社会下变成女人的,是男人给出了这个"第二性"。陷入爱情中的男人和女人是有区别的,男人可以将性、爱、婚分得清清楚楚,可女人正如波伏瓦所说:当女人倒下来的时候,注定是要受奴役的。她要冲破这种奴役,摧毁这种文化偏见,达到与男人同等的自由状态。

《第二性》出版后,同是存在主义的哲学家加缪谴责波伏瓦"败坏法国男人的名誉",一个作家还专门写信到她与萨特办的《现代》杂志社,对波伏瓦进行恶毒的攻击。诸如"淫妇""性贪婪""性冷淡""女同性恋者"等恶毒的谩骂四处飞扬,萨特在自己的公寓里遭到了袭击,波伏瓦也被保卫起来。《现代》杂志被查禁,两人也不得不躲起来。

但是这本书一周卖了2万册，波伏瓦瞬间扬名，毫不逊于萨特。她一点不在乎自己所引起的公愤，甚至蔑视地说："人们把我塑造成两种形象，或是个疯子、怪人……或是个女慈善家、女教师……但没人说过这两者不能协调。我可以是一个有头脑的荡妇，也可以是个不正经的女慈善家。"

《第二性》是女性觉悟最彻底最有力的一本书。波伏瓦在书中说："女人并非为其所是，而是作为男人所确定的那样认识自己和做出选择。"她们失去了主体意识和自主性，除了男权社会的压制之外，更多是由于她们自己在无意地制造自身被贬低的结果。萧伯纳说："如果锁链会带来敬重，那么给人套上锁链比去掉他们的锁链更加容易。"资产阶级女人看重自己的锁链，因为她们看重阶级特权。而我们的社会中的女性又因何如此呢？当马克思把劳动的权利赋予女性时，久而久之，这种权利却成了令人讨厌的徭役，一种想用结婚摆脱的义务。当她们用美貌和温柔去取悦男性时，就被物化为他者，靠自己对男性的价值来证明自己的存在。

有头脑的女人为了模仿取悦，会变得拘谨，她对取悦于人感到难受，她不像她奴性十足的小姐妹，取悦他人完全出于自愿，但这往往只会刺激男人，而不能驾驭他们。尽力谋生的女人比将自己的意志和愿望埋在心底的女人更加分裂。

她在最后一章叙述了走向解放的独立女人，但仍旧处在一种限制中，却也乐观地指出："历史事实不能被看作确立了永恒真理，它只不过反映了一种处境，这种处境表现为历史，因为它正在变化。"

这种处境何时终结，女性何时才能像男性一样成为自为的存在，靠自身的行动证明自己的意义？在21世纪的今天，大多数女性已经有自己的工作、事业，经济独立，为什么仍旧难以获得本质的幸福即心灵的自由？

波伏瓦在给出明智之见的同时，忽略了女人先天已有的东西，性别的天然差异。她在这一点上的忽略让她陷入某些事物的矛盾中，言行的无法统一中，自我怀疑的折磨中。

真正的自由并不是随心所欲，而是能够收放自如。在梅里美的"卡门"面前，波伏瓦是多么拘谨、扭捏，因为她心存爱情。爱情不但让人卑微，还让人失去自由，比婚姻更具破坏性。对于爱情，对于婚姻，对于终身伴侣她也有过美好的设想："我们共同攀登高峰，我的丈夫比我稍稍敏捷、强壮一些，他常常要助我一臂之力，与我一级一级地向上攀登。我的丈夫既不比我差，也不超出我许多，他保证我很好地生活，但不剥夺我的自主权。"

这种自主和并肩让她选择了她所倾慕的风流的只注重当下的萨特，被动的选择却没有让她一味被动地接受、认同他的男权思想，而是成了一位坚定的"女权主义"者，这是认识的结果。正如很多年后，面对身患癌症的母亲，她又开始产生了另一疑问：为了"自由"是否就可以抛弃一切血缘和温情？这个时候，她是否想到了曾经挚爱自己的情人纳尔逊和克劳德？大概只有经历过残酷的人生，看到真相后，才能真正反思生命真义。她借笔下人物之口说出："没有什么，比自己的生活更真实了。只是，那真实总是无法言说。人们憋得太久，难免会有些一反常态的表演。让一切更虚幻。"晚年的波伏瓦是怅惘的，她终于感到有些事情在逻辑上说得通，但真正实行起来，却倍加艰难。

因为那个时代的医学还不发达，她对性别的认识有其局限性，在爱情这个难题面前，她只看到了事物的表象，却没有深入本质。她在《第二性》中写道：他想要这个女人的那一刻，他热烈地想要她，只想要她，因此那一刻是绝对的，但那是一刻的绝对。女人受愚弄，过渡到永恒。可是男人的欲望是激烈又短暂的，它一旦得到满足，很快会消失，而女人往往在产生爱情之后变成男人的囚徒。如果男人长久地依恋女人，这仍然并不意味着你对他是必不可少的，但是这正是她所要求的，她的退让只有在恢复她的威望的情况下才能挽救她，不可能逃避相互性的作用。因此，她要么必须受苦，要么就必须自我欺骗。她把男人的爱情想象为她给予他的爱情的准确对等物。

这种可悲的境况有很多人已经意识到，比如尼采说："女人的激情作为对各种自身权利的完全放弃，恰恰要求异性身上并不存在的同样的感情、同样放弃的愿望。因为，如果两者都出于爱情而自我放弃，说白了，结果会产生我说不清的东西，也许可以说是对空无的恐惧吧？女人愿意被控制……她于是要求有人占有，要求他不要奉献自身。"难道真如莎士比亚所说：女人，你的名字是弱者？

波伏瓦竭力摒弃这种论调，以为超越文化，就可以达到尼采所谓的意志自由，直到20世纪80年代医疗技术证明，男女差异不仅仅是父权文化造成的。

在实验中，男性和女性的大脑是有明显差异的。经过适当的刺激，它们会在不同的区域"闪亮"，这些实验揭示了独特的神经活动过程。经发现，男性和女性大脑的"硬件"是有明显区别的，这些差异和荷尔蒙因素印证了男性和女性的行为及态度特征是不同的这样一种传统观点。

我们认识到这种差异，是想更好地做出理智的选择，而非听天由命，认为机体都如此安排，女人是劫难难逃了。我们应该在波伏瓦的认识基础上，利用尼采的超人精神，然后像伍尔夫所说：与男性联结，让这两个力量在一起和谐地生活和工作。男女之间的关系是人与人之间最自然的关系，人的本质在何种程度上成了自然的本质，人的行为成了自然的行为，那么就达到了自由的高度，男女最终应该超越自然差异，建立友爱关系。这一马克思的美好愿望是否能够实现呢?

Virginia · Woolf

弗吉尼亚·伍尔夫

伍尔夫

一个人能使自己成为自己，比什么都重要

///

虽然我一向认为马克思总是爱好建立乌托邦，总是过于乐观，但男女在一定程度上建立友爱关系是可以实现的，伍尔夫与伦纳德就是一个例子。

不过，要想与他人平等，首先得成为自己。

伍尔夫说：女人要想写小说，必须有钱，再加一间自己的房间。推而广之，不只是写小说，女人都应该有一间自己的房间，就像一个自己的空间，她的世界不应该是完全敞开的，不应该围着家庭转，不应该成为男人世界的附属品，她还有她自己。更重要的是，不能为旁人的言语所左右。伍尔夫在《一间自己的房间》中写道：

你们有理由说，天才是可以不理睬这些见解的，天才要超脱尘世。不幸的是，正是天才的男女对人们的言语最在意。想想济慈，请记得他的墓碑上的文字；想想丁尼生，请记得——不过我无须再添加例子来证明了。

过度在意旁人的言语正是艺术家的本性。文学中到处都是那些不理智的倒霉鬼，他们太重视旁人的看法了。

这篇文章源起于她的童年经历和阅读经历，与莎乐美、波伏瓦等人不同，伍尔夫的独立是一种渴望，是一种争取。伍尔夫的父亲是当时的文学评论家、学者和传记家，在这样的环境里，她大概也受到感染，对知识和书本产生了浓厚的兴趣，然而在那个维多利亚时代的英国，女孩还没有和男孩一样进学校受教育的权利，眼巴巴地看着哥哥弟弟们去上学，她只能跟家庭教师待在一起，还要做些所谓女孩子分内的针线活，望着窗外的鸟儿栖栖停停，大概也感到了囚笼般的寂寞吧。她渴望自由，渴望有一间自己的房间，却受着兄弟们的压迫甚至蹂躏。十二岁时，同母异父的哥哥曾非礼她，后来成了她的编辑，为了证明他对她没有造成深远的伤害，她创作了《远航》和《夜与日》两部相对传统的小说，以显示自己的清醒和健康。但是，弗吉尼亚的神经错乱和自杀前的幻听，和这无法愈合的伤口有关。她再也不想活在父兄的阴影之下，所以她要写作。写作是自我抒发的一个出口，一个人，有了自我，也就有了一切。

布卢姆斯伯里团体在当时是很著名的文艺和学术中心，聚集了"欧洲的金脑"，他们多半是剑桥大学的优秀学子。有作家伦纳德·伍尔夫、艺术批评家克莱夫·贝尔、文学批评家德斯蒙德·麦卡锡、画家邓肯·格兰特、作家福斯特、哲学家罗素、诗人艾略特、作家乔伊斯、小说家亨利·詹姆斯和奥尔都斯·赫胥黎等。在这样一个环境里，伍尔夫无疑受益颇多，她与这些人切磋文学和艺术，并获得了自由精神，由此她的文学创作更加注重精神含量了。

伍尔夫还是一个恶作剧的"好演员"，他们曾在1910年2月

10日进行了一场针对英国的恶作剧，此事后来为文学史家所津津乐道。

　　布卢姆斯伯里团体的成员中充满了天才人物，当然也不乏离经叛道者。弗吉尼亚·伍尔夫曾假扮阿比西尼亚（即埃塞俄比亚）王子门达克斯，由她的弟弟亚德里安扮翻译，贺拉斯·科尔假扮英国外交部官员，邓肯·格兰特等人假扮成扈从人员。这个所谓的"外交使团"造访了英国海军的"无畏号"战列舰，舰长和海军为他们举行了热烈的欢迎仪式。这场骗局可谓天衣无缝，将海军司令威廉·梅伊蒙嘲讽了个够。这场恶作剧被报纸披露后，国防力量的空虚和军方的官僚主义作风使得朝野震惊，英国军界和外交界都丢尽了颜面。

　　然而这种阳光、活跃的形象并不是她的主色调，人们仍然喜欢把伍尔夫想象成英国文学界的神秘女士，愤怒且悲伤，甚至她的忧郁症也成了艺术家的点缀，智慧让她的愤怒深刻，才华使她的悲伤优雅，伍尔夫的魅力正在于这份天才的超拔。

　　"她的记忆有着隐秘的两面——一面澄明，一面黑暗；一面寒冷，一面温热；一面是创造，一面是毁灭；一面铺洒着天堂之光，一面燃烧着地狱之火。"任何事物都带着它的两面性，在心灵的战场上角逐，越是敏感的心灵，越容易遭受这样的分化，既是财富也是匕首。电影《时时刻刻》中伍尔夫双眉紧锁，目光深沉，宽衣松发，高挑的身材行走在阴暗的房间里，仿佛幽灵。当她的姐姐凡尼莎·贝尔带着孩子来看她时，欢声笑语，才像回到了人间，她们共同走到阳光下去，孩子送花给她。她仍旧无法融入这气氛中，深目中含了无数的没有目的的疑问。姐姐要去赴宴，还说，"她是不喜欢去的"，伍尔夫问："你没有邀请过我，你怎么知道我不喜欢去。"她是想从她那个幽闭的世界里走出来的，可是，她的忧郁、她的病症、她的超出常规把她隔离了，正像她在《墙上的斑点》中所说的："人们在儿童时期就认为这些事物是正统，是标准的、真正的事物，人人都必须遵循，否则就得冒打入十八层地狱的危险。"她在正统的、标准的事物之外。

伍尔夫说：当我搜索枯肠时，我发觉去做什么人的伴侣、什么人的同等人，以及影响世界使之达到更高的境界，等等，我并没有感到有什么崇高可言。我只要简短而平凡地说一句，一个人能使自己成为自己，比什么都重要。

尼采最有名的一句话也是：成为你自己。这句话说说容易，真正做起来却难。记得我十八岁时就说：在不损害别人的情况下随心所欲；一个朋友在博文里也说：在不伤害别人的情况下成为自己。但是我仍旧要为生存奔波，做不喜欢做的事情，见不喜欢见的人；他依旧孜孜寻找他的伴侣，以世俗的标准，以别人的眼光。在这个媚俗的世界里，不得不违心地去参照权威，比那些真心实意崇拜权威的人更痛苦，我们渴望精神自由，却缺乏伍尔夫那种勇敢的自由精神，因为勇敢是要付出代价的。

无论是恶俗旧习还是社会常规，挑战的结果都可能是头破血流。

伍尔夫说：多亏那两次战争，克里米亚战争使南丁格尔出了客厅，而将近六十年后，欧战又为一般妇女打开了门扉。那些恶俗旧习逐渐改善，否则你们今天晚上哪能在这里呢？

这就是伍尔夫的女性意识、女性主义。她的女性主义是健康的，在强调女性要"成为自己"的时候，不代表愤怒地与压迫她们的社会切断联系，与导致女性丧失主体意识的男性断绝关系，而是向社会开放，与男性联结，她觉得最正常、最适合的状态是男性和女性这两种力量在一起和谐地生活和工作。

关于女性价值、女性之间的友谊、同性相爱之类的问题，都是从她自己的女性经验得来的，源自个人直接的生活感受，而非现成理论。我在我的《张国荣的影梦人生》那本书中曾经谈到拥有男性和女性双重气质的人在人性上的丰富和完整，伍尔夫身上就有这种雌雄同体的特点，比如她主张在写作时的性别模糊，"像女人一样写作，与此同时，又忘记了自己身为女人，只有当人意识不到性别时，一种性的质感才能活泼泼地跃然纸上——"越是在人性上丰富和完整的人精神越独立，像达·芬奇就不需要女人，伍尔夫也是一直保有一个自己的独立的精神世界，就像存于内心中的一间屋子。所以她不喜欢《简·爱》等女性作品，认为这些女性作家太偏狭，总是当家庭女教师，总是陷入情网。在她们的心目中，没有男人，女人便陷入一片黑暗。

有人说伍尔夫的爱情生活十分坎坷，不知道这是从何说起，是因为第一次与她订婚的利顿·斯特雷奇是同性恋而分手，还是因为她与丈夫伦纳德·伍尔夫过的不是标准婚姻生活？与斯特雷奇分手时两人承诺做一生的朋友，斯特雷奇很惦记她的生活状况，觉得她身边应该有一个能照顾她一生的人，经过大力活动，介绍她认识了伦纳德，伦纳德恰是一个最符合伍尔夫的人。斯特雷奇的关爱有几人能做到，伦纳德的牺牲又有几人能适应？在别人看来，伍尔夫的成就是以伦纳德的牺牲为代价的，只是我觉得，在爱情中，是没有牺牲的，这才是真正的精神之爱，似乎比莎乐美、波伏瓦更具传奇性和纯粹性了。虽说莎乐美是孕育天才的缪斯，分手之后尼采不也是对她恨之入骨，保尔·里也因她结婚而自杀嘛；波伏瓦虽然为了保持自愿不结婚，可是在萨特那里每次传出他要与某某女结婚的时候，她不是也有难言的嫉妒嘛，她临死的时候不是带着阿尔格伦的婚戒嘛。

真正的契合永远不会离去。记得净空法师说爱情是脆弱的、易变的，所以婚姻不应该建立在飘忽的爱情上，而应该建立在道义和责任上。在这里稳定成了束缚，似乎是对人性的戕灭，因为他们只看到了飙升的离婚率，看到表象，却没有看到更深层次的精神需要，及比条文枷锁更强壮的力量——爱情的绝对力量。佛学（我对佛学并不精通，以净空等各法师的理解来看）是悲观的，不相信人心，所以也正有了中国人经常说的"人心叵测"。不信则无，所以伍尔夫的婚姻生活在中国人看来是奇迹，又哪里来的坎坷呢？至多用常规去衡量一下，无性无子，有违"人伦"，便成了人们眼中的"不幸"了吧。

爱情的高峰体验都在精神层面，只属于拥有智慧的人。思想境界越高，体验越精细，享受也就越臻至完美。

无疑，伍尔夫是精神化的人。"即使在其身后一百年，我还是随时愿意爱上拜伦。"伍尔夫爱拜伦爱上的是那股精神气。她是个很挑剔、很尖刻的人，这一点有点像张爱玲，张爱玲是不聪明的人不理，她是不与不懂文学的人谈论文学。她的现世生活很简单，常常穿着工作服，视肉欲为肮脏的动物性，择偶时从不关心对方是否有肉体美，或物质背景，却一定要足以与她的智性匹配。她醉心于朝拜艺术圣地，收集艺术品，完全沉浸于精神领域。

伦纳德恰是能够与她的智性匹配的人，他写给她的求婚情书就是一场完美结合的序幕：

我自私，嫉妒，残酷，好色，爱说谎而且或许更为糟糕，因此，我曾告诫自己永远不要结婚。这主要是因为，我想，我觉得和一个不如我的女人在一起，我无法控制我的这些恶习，而且她的自卑和驯服会逐渐地使我变本加厉……正因为你不是那种女性，就把这种危险无限地减少了。也许你就像你自己说的那样，有虚荣心，以自我为中心，不忠实，然而，它们和你的其他品格相比，是微不足道的。你是多么聪明，机智，美丽，坦率。此外，我们毕竟都喜欢对方，我们喜欢同样的东西和同样的人物，我们都很有才气，最重要的还有我们所共同理解的那种真实，而这对于我们来说，是很重要的。

我为之惊叹，我不止一次地转发在各个微博上，仿佛一种呼唤，对诚实的、智慧的、骄傲的、纯粹的爱情的呼唤，企图唤回我们这个时代在沉睡、麻木、欺骗、轻率和忍受中的沉沦。

伍尔夫根深蒂固的精神病时常发作，因为过多的担忧，出现幻觉，陷入绝望的精神状态，此时无人能安慰她，她那致命的犀利开始显露，专门抨击亲近的人，伦纳德就成了最方便的箭靶。她的这种苛刻的本事在逻辑丧失的情况下也仍旧发挥自如，颇具杀伤力。这一点我深有体会，每每深夜联想到众多事情，便将长篇大论的责骂发给亲人或朋友，使他们一句不能反驳。像一个朋友说的：你那股狠劲，连鲁迅也没法比。

1915年，伍尔夫一生中最严重的一次精神病发作，持续九个月。伦纳德对她体贴入微，伍尔夫对朋友说："要不是为了他的缘故，我早开枪自杀了。"有一种相依为命的味道，不仅是他在为她，也是她在为他而活着。因为对她来说，活着已经成为忍

弗吉尼亚·伍尔芙

受，成为负担，无助感和孤独感充斥着她的头脑，这是无人可代替的，像梦魇，知道自己在做梦，却怎么也动弹不了，清醒地意识到自己的精神错乱就像一个我隔着玻璃看着另一个我处于疯癫之中，这才是最可怕的。

所以伍尔夫最终走向自杀。

1941年完成《幕间》后，她预感到又一次精神崩溃就要来临，担心这次不会再好转，在给丈夫和姐姐留下两封短信后，口袋里装满石头，投入她家附近的欧塞河。

"此时此刻，还有生命，都是那样的脆弱，如白驹过隙，转瞬即逝。我会像浪尖上的一朵云一样消失。"伍尔夫消失了，以死亡这种方式求得解脱。

她写给伦纳德的信让我们觉得这是世上最美好的结合：

我确信我又要疯了。我感到我们不可能再经受住一个可怕的精神崩溃时期，而这一次我再也不会复原了。我开始耳鸣，思想不能集中，因此，我将要采取一个似乎最为恰当的行动。你已经尽可能给了我幸福，你已经在各方面做到了一个人所能做到的一切。直到这个可怕的疾病来临，再也没有两个人会比我们更幸福。

我再也支撑不下去了。我知道我正在浪费你的生命，如果没有我，你可以工作，我知道你愿意工作。你瞧，我甚至不能在信中恰当地表达我的意思。我也不能阅读。我想要说，是你给了我一生的幸福。你对我体贴入微、百般忍耐，简直好得令人难以置信。我要说，人人都知道这件事。如果有人能挽救我的话，那一定就是你。我已失去一切，但我仍然深信你的善良。

我再也不能浪费你的生命了。

我想再也没有两个人比我们更幸福了。

本来，医生说如果她不再继续写作，病情会好转，但是，伍尔夫说："不写作，毋宁死。"她生活在自己虚构的世界里，不写，岂不是整个世界坍塌了么。当她开始创作时，作品里的生活比现实生活更真实，折磨着她，也带给她喜悦，这个过程完全控制了她的精神，如此，让她创造出更出色的文字，却也让她的心绪走向虚无和飘忽，与现实离得越远，越容易在触碰现实的时候崩溃，心底积压着越厚的阴霾。然而她对自己的作品却并不自信，对外界的评价非常敏感，只相信伦纳德一个人的意见，所以她的作品伦纳德常常是第一个读者。因为在技法上的创新，她怕会成为"华而不实的实践"而被束之高阁。

当时意识流小说刚刚兴起,并未形成一个文学流派,似乎只在摸索阶段,还不一定会被读者所接受,它打破传统小说以故事情节的先后顺序结构的规范,以心理时间建构作品,涉及意识层面也涉及潜意识层面,有时候表现出无逻辑性、非理性,这似乎正契合了伍尔夫"疯癫"的特性,尤其是她是一个生活在自己的心灵境界中的人,更适宜意识流这种内心独白、意识迁移、自由联想的表达方式。她推崇的作家也是关注人的内心世界的,比如哈代、康拉德、乔伊斯。伍尔夫认为要摒弃物质表象,通过对自然与生命本质的探求,捕捉人类存在的有意味的瞬间,揭示人类内在的分裂与挣扎,而不是停留在生活表面,纠缠于世间重复的、单调的、乏味的纠葛。所以她的小说是去戏剧化,专注于人物的精神构造,通过当时的感觉唤起某种记忆,继而无穷地联想。

伍尔夫的第一部意识流小说《雅各的房间》,与乔伊斯的《尤利西斯》同年问世,这是欧洲文学史上的两件大事。《雅各的房间》用镜头来叙事,伍尔夫手持剪刀,爽利地一路剪过去,便成了镂空的画面,简单、精致,宛如神经质的律动在时间中划过而留下的痕迹。

　　她最知名的是《达洛维夫人》，也是电影《时时刻刻》的底本。选择舒适的生活还是选择一个知己？记得以前读过一篇小说《为爱结婚》，结局很惨，爱情是具有破坏性的，消耗着双方的生命，当然也有以这种消耗为乐的，比如电影《两小无猜》，把爱情当成游戏来玩，其实爱情本来就是游戏，艺术也是游戏，朱光潜在《谈美》中阐述过。游戏是最不具功利性的。真正的爱情也是非功利的，但婚姻就不一样了，缺不了权衡，所以克拉丽莎选择了平庸、务实、正人君子的参议员达洛维，而非冲动、浪荡、不合时宜的彼得。很多年前与彼得在圣·詹姆士公园的争论历历在目，她"依然认为没嫁给彼得是对的——确实很对。因为一旦结了婚，在同一所屋子里朝夕相处，夫妻之间必须有点自由，有一点自主权。这理查德给了她，她也满足了理查德。跟彼得一起非得把每件事都摊开来，这令人难以容忍……她深信他俩都会毁掉，双方全得完蛋。"

　　如果"无须太多激情太过用心，只要平稳只要体面，爱对婚姻没有太大好处"是对的，那她为什么还"多年来私下里忍受了这份悲伤和苦恼，犹如利箭穿心"，还会想到"如果现在就死去，正是最幸福的时刻"呢？庸常、乏味、按部就班的生活早已经抽空了她。"在她的生命中，它却被无聊的闲谈磨损了，湮没了，每天都在腐败、谎言与闲聊中虚度。"

　　舒适的生活总觉得缺了点什么，人生缺憾，怎样弥补，怎样整合？很多人开始向婚姻外部求助，出轨，寻求刺激，包养情人，只想着增加眼前快乐的东西，"他们成群结队去猎食，他们一伙伙搜遍沙漠，尖叫着消失在荒野里。"

　　尽管女人比男人出轨的机会多，但男人比女人出轨的概率却高，因为男人不考虑结果，不想对结果负责，女人却考虑家庭，权衡利弊，做出选择，迟疑中机会就过去了，彼得在身边，她感到了快乐，想"如果嫁给他，这种快乐将每天伴随着我哩"，但是，在达洛维夫人想着"带我走吧""带我走吧"的时候，这部五幕剧就烟消云散了。罗塞特夫人说得好："同心灵相比，脑子有什么用。"这应该是伍尔夫对这部小说的注释。用脑子生活的人是达洛维夫人这样的正常人，而用心灵生活的却是神经质的赛普蒂默斯。她欣赏的是彼得、萨莉、赛普蒂默斯，"那青年却保持了生命的中心。死亡乃是挑战。死亡企图传递信息，人们却觉得难以接受那神秘的中心，它不可捉摸；亲密变为疏远，狂欢会褪色，人是孤独的。死神倒能拥抱人哩。"她向往的是死神的怀抱，在那里安眠，以避开腐败、谎言、无聊、灰暗的生活。

如果说《达洛维夫人》描写了伍尔夫与丈夫的一部分性格，那么《到灯塔去》描绘的则是她父母的性格。伍尔夫细腻灵敏的感觉捕捉到的瞬间印象，大概也是由于印象派绘画对她的影响，她总是从音乐、绘画中获得灵感，正契合"艺术都是相通的"那句话。她曾说过"心灵接纳了成千上万个印象——琐屑的、奇异的、倏忽即逝的或者用锋利的钢刀深深地铭刻在心头的印象"，她把这种印象描绘出来，就成了"变化多端、不可名状、难以界定、解说的内在精神"。

灯塔即象征了拉姆齐夫人的内在精神，《到灯塔去》即是象征战胜时间和死亡去获得这种内在精神的内心航程。伍尔夫企图在这部小说里探讨人与人之间，自我与超我之间的关系，是否真如萨特所说"他人即地狱"，有无和解的可能？在这个混乱的时代里，能否把握真理，建立秩序？是否存在"不朽"？伍尔夫得出与昆德拉完全相反的结论，昆德拉嘲笑"永劫轮回"，嘲笑追求"不朽"的姿态，但是伍尔夫却让小詹姆斯登上了灯塔，莉丽完成了她的画，物质腐朽，"真实"永生，即"精神"永生。这是伍尔夫的答案，我认为她这个答案最主要的还是针对自己，她用这种信念支持着时时要拥抱死亡的自己把她最崇敬的"内在精神"保留下来。

......

这些杰作让伍尔夫与世界一流作家乔伊斯、福克纳、普鲁斯特等一同跻身于意识流小说代表作家之列。虽然有人说她的作品深度有余而广度不足，但终瑕不掩瑜，我觉得不必每部作品都追求既有广度又有深度的史诗般的特性，个人有个人的偏好，托尔斯泰、巴尔扎克不就是广度有余而深度不足嘛。要么纵深要么宽广，否则很容易成为四不像，顾此失彼。伍尔夫的小说确实有些琐碎，罗列的印象中并不是每个都必需，这就让人觉得不是字斟句酌，充满随意性，而这种随意性又跟呓语相仿佛，以至于有人误会这是神经错乱的结果，"这种风格可谓意识流的特征，但也是神经质的缺陷吧"，却看不出她在混乱与秩序间游走自如，如《时时刻刻》编剧说：但是即使身为一个无知且懒散的孩子，我已经能够注意到伍尔夫语句的密度、对称性和强度。她运用语言就和吉米·亨德里克斯玩吉他一样，她信手拈来，然后在句子似乎即将松散无序时，又及时将它拉拢结合进主旋律……

伍尔夫更像卡米耶，柔弱的外表下有着强大的精神力量，她们的疯狂也是一种反抗，带着一种"毋宁死"的决绝。

Isadora · Duncan

伊莎多拉 · 邓肯

伊莎多拉·邓肯

拥 抱 艺 术 ， 或 献 身 于 爱 情

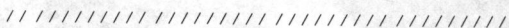

///

当她跳舞的时候，她就不再是自己，而是女巫、森林女神、女祭司、莎士比亚《仲夏夜之梦》中的精灵。总之，在舞台上完全看不到她自己，她与她所扮演的形象形神合一。她就是伊莎多拉·邓肯，开创了现代舞的美国女舞蹈家。

休憩中的邓肯

写邓肯这个人物的时候，我一再想起日本演员黑木明纱演过的一部电影——《非常舞者》，她不是作为一个人在跳舞，而是一团火。邓肯生活在一个破碎的家庭，父母在她很小的时候就离婚了。母亲是个乐手，以教授音乐为生，尽管生活非常拮据，但是母亲依然带着四个孩子独立生活。母亲的强悍、自立、乐观在她身上打下了深深的烙印。这种烙印影响了她的一生，就像是带着一种独特的标志。

每个人都带着成长的痕迹而存在，大抵如此。邓肯童年时期就显露出其独立判断的能力，从不盲目服从别人，也不肯屈从于利益。最突出的一点是，对婚姻的不抱希望，她从未把精神的快乐和生活的幸福寄托在任一男人身上。母亲曾经告诉她，世间没有上帝，只有你自己的灵魂和精神才能帮助你。邓肯早期的艺术之路非常坎坷。一位经常观看舞台演出的邻家老妇人看了邓肯的舞姿后，不无善意地说，世界跳芭蕾舞最好的演员是意大利芭蕾舞舞者范妮·埃斯勒，她简直就是个天才。当然，你也跳得很好，你会成为第二个范妮·埃斯勒的。老妇人的话令邓肯心动不已，同时也打动了邓肯的母亲。她带着女儿去拜访旧金山一位著名的芭蕾舞老师。老师要求邓肯用脚尖站立，邓肯问道，为何要这样。老师回答道，这样很美。但是邓肯一点儿也不觉得美，她觉得芭蕾舞机械而僵硬，所以只上了几节课就再也不去了。

邓肯认为，芭蕾舞不是她理想中的艺术。真正的舞蹈必须来源于大自然，像海浪的涌动，枝条的舒展，风吹拂的姿态，总之它是不受束缚的，是一种完全符合人体自然美的，而不是像芭蕾舞一样过度夸张人的身体，将所有舞蹈动作都规范化，装在一个框架里。为了追求梦想，她和母亲来到了芝加哥。她们拜访了一家又一家剧院，她遭到了完美的拒绝，剧院经理们的话如出一辙，小姐，你跳得确实非常棒，但是并不适合舞台演出。

在当时的美国，流行的舞蹈是芭蕾舞和社交舞蹈，尤其是具有古典色彩的芭蕾舞，几乎一统天下。现实与理想之间总是有差距的，邓肯深刻地意识到了这一点。她们住在旅馆里，日子一天比一天糟糕，付不起房租，没有饭吃，甚至连行李也被扣了，几乎快要流落街头饿肚子了。邓肯不得不用最后一点钱买了一箱番茄，为此她们整个星期都在吃番茄。没有面包和盐，母亲虚弱得几乎快要晕过去了。这时候，一个男人出现在了她的面前。这个人嘴里叼着粗大的雪茄，帽檐压得很低，他吐了一口青色烟圈儿，用懒洋洋的口吻对邓肯说，伊莎多拉，你长得很漂亮，舞也跳得很好。只要你愿意跳一些带劲的舞蹈，我想我会雇用你。邓肯想了想旅馆所剩无几的番茄，便答应了。这是一家三流舞场，留声机里播放着当时流行的《华盛顿邮车》的曲子，邓肯随兴地跳了起来，很多动作都是她即兴加进去的，但是舞姿性感诱人，令舞场经理十分满意。他付给邓肯每个星期50美元的酬金。但邓肯只跳了一个星期就不跳了，这令剧场经理非常惊诧。50美元，在当时可是相当大一笔钱，但邓肯毫不犹豫地放弃了。因为这件事让她恶心，不要说50美元，即便是给再多的钱她也不会干了。她追求的是纯粹的艺术，而不是在低级剧场里混日子。她说，我既没有天赋，也没有才华和气质，但我知道我有决心，决心和热情往往要比天赋、才华和气质更有力量。

邓肯和母亲在旅馆中蹉跎的日子里，无意中在报纸上看到了奥古斯丁·戴利要来芝加哥演出的消息，这令她非常高兴，她决定寻找机会去拜访他。奥古斯丁·戴利是美国著名的剧作家，还经营剧场，旗下有很多明星。邓肯并不认识戴利，但她决定用守株待兔的笨办法。她守候在剧场的门外，一次又一次地请守门人传达自己要拜访戴利的愿望，最终她获得了与戴利相见的机会。一见到戴利她立刻开始发表个人主张，仿佛在进行一场演说。她的演说完全将戴利惊呆了，实际上戴利根本没听明白她在说什么，因为从来没有一个女人敢在他面前这样讲话。他叫她表演一段舞蹈，结果她获得了扮演一个小配角的资格。

在纽约上演的莎士比亚喜剧《仲夏夜之梦》中，邓肯扮演剧中的精灵。她身穿用半透明的白纱做成的长筒裙子，头上戴着美丽的花环，背上还装着两只特制的金色翅膀。她尽情地跳着，仿佛从山野中来的仙子，不带一点尘俗，充满了自然的原始气息。她的舞蹈获得了观众经久不息的掌声，但却遭到戴利的斥责，他认为她把舞台变成了低俗的歌舞厅。在此后的表演中，一旦邓肯上台，戴利就命令灯光师关掉舞台上的主灯，只留下侧灯微弱的光，结果舞台上几乎什么都看不见，只看到一些蒙眬的白色影子，若有若无，像黑暗中的精灵在舞动。

在美国左冲右突，邓肯尽管换得了一些微薄的声名，但是始终没有突破。她认为美国人不能理解她的艺术，她要去欧洲发展，只有欧洲才能理解真正的艺术。1900年，二十三岁的邓肯到伦敦演出，她身穿宽松的白色长裙，赤着脚，伴随着肖邦的音乐跳着完全由她自己设计的舞蹈。她的演出在伦敦颇有反响，她决定去巴黎演出，因为巴黎是艺术之都，只有征服了巴黎，她才算获得了真正的成功。邓肯在欧洲有一位影响甚大的支持者，那就是辛格夫人，这位夫人是个同性恋，但却曾先后嫁给两位亲王，

都以离婚告终，但获得了大量的财产，因而生活十分豪奢，经常
在家中举办舞会或派对，她的派对和沙龙云集了当时欧洲的名流
和艺术家，邓肯被邀请在她的沙龙上表演舞蹈。在辛格夫人的沙
龙上，邓肯结识了著名的雕塑大师罗丹。59岁的罗丹已经在与卡
米耶的恋情之水中退潮，邓肯女神般的自然气息立刻吸引了他。
他请求邓肯去他的工作室，他要为她做一尊雕像。

　　邓肯早就听闻过罗丹的盛名，对他仰慕已久，因而对罗丹的
邀请一口答应。他们乘着马车来到罗丹的工作室，工作室有着与
这位大师身份相称的规模，简直就像一座宫殿。采光性极好的高
大落地窗，阳光从天鹅绒窗帘的缝隙里流泻进来，在质地优良的
大理石地板上投下柔和的光影，宽大结实的工作台上放置着琳琅
满目的工具、雕塑成品、半成品、素描，等等。罗丹请她喝上等
的咖啡，换上宽松的白色长裙，以便进行舞蹈。他请她参观雕塑
作品，有老人、小孩、半裸的成年男子、全裸的女子的雕像。他
的作品充满了生命力，老人的雕像躯干上凝固着岁月的力量，小
孩的脸庞上闪烁着阳光，半裸男性的肌肉仿佛蕴藏着爆炸力，裸
体的女性则仿佛刚刚出浴，散发着一种体香，几乎令人迷醉。他
一边向邓肯介绍自己的作品，一边用眼睛看着她。他的眼睛闪闪
发亮，银色的长须流溢着智慧的光芒，邓肯在这种注视中几乎要

迷醉了。

之后，邓肯开始赤脚在罗丹的工作室跳舞，她表演了根据古希腊诗人忒奥克里托斯作品创作的舞剧中的一段，此时的邓肯化作了仙子绪任克斯，躲避着潘神的追求，最终变成了一根芦苇。罗丹看着她的表演，用手中的画笔画了几幅速写，他的眼神追逐着她的舞姿，仿佛要将她牢记在脑海里。邓肯跳完后，向罗丹解释灵感的来源，罗丹却似乎完全没有兴趣，接下来发生的事令邓肯大吃一惊，她在自传中这样写道：

> 他的手在我脖子和胸部游走，抚摸我的胳膊、臀部、大腿和双脚……他揉捏着我的身体就像揉捏着黏土，迸发出的热情将我炙烤融化。

一位欧洲评论家曾在一篇文章里说，他（罗丹）也许是所有雕塑家中最好色的一个，对模特肉体的兴趣和通过作品描绘肉体的天赋齐名。实际上罗丹从不讳言自己对女人的兴趣，他说，人们说我满脑子都是女人，可还有什么比这更重要呢？他经常请女模特在他的工作室里跳舞，命令她们按照自己想要的动作做出各种姿态，包括嘴唇和眼睛的神态。他对女性，尤其是女性的肉体

动作在画中

有着丰富而细致的观察和了解，在他的作品里，女性的肉体简直比真实更加诱人，几乎让人情不自禁，甚至引人犯罪。然而，他的行为显然惊吓到了邓肯，因为此时的邓肯对性毫无经验。她挣脱了罗丹的怀抱，像一头受惊的母鹿，慌乱地披上外套跑掉了。将罗丹一个人扔在了工作室，罗丹一头雾水站在那里，他不知道做错了什么。因为还没有人拒绝过他，不论是贵妇还是模特，从未有人拒绝过他。罗丹没能一亲芳泽，却成了邓肯的铁杆粉丝，只要她在巴黎演出，他几乎从不缺席。他和观众们一起鼓掌，一起呼喊。然而，他的掌声淹没在了观众雷鸣般的掌声中，呼喊也消失在观众海潮般的呐喊声中，他是那么专注地望着舞台上的邓肯，就像望着一个不可触摸的女神。此时，这个拥有巨大光环，骄傲得像国王一般的老男人内心是否会有一丝落寞。

多年以后，邓肯在自传中披露了心迹，她非常后悔自己当初的幼稚行为，她在自传中这样写道：我真是后悔极了，因幼稚而拒绝了他，我没能把自己献给伟大的潘神，了不起的罗丹，否则的话，我的艺术和人生将获益非凡！

邓肯和罗丹的邂逅没有结局，很快她就陷入了一场恋情。在匈牙利首都布达佩斯演出期间，她结识了演员贝列吉，两人很快演绎了一场死去活来的恋情。爱的时候海誓山盟，分别的时候悲痛万分。邓肯身上火焰一般的力量，坚毅的性格，不断变化的脾气，以及对艺术的痴狂，有时候使人怀疑她是一个疯子，令贝列吉完全无所适从，最终他离开了她。

很快她的巡演在欧洲的其他城市确定下来，她马不停蹄地奔赴在维也纳、柏林的路上。她在柏林的演出点燃了这座城市的热情，无数疯狂的观众为她呼喊，有的人哭泣起来，有的人因为激动而晕了过去。大学生们拼命地挤向舞台，最终他们成功地爬了上去，邓肯差一点成为踩踏的牺牲品。演出结束后，狂热的观众抢夺了她的马车，将套马解下来赶走，然后人群替代马匹拉着车，一路呼喊着将她送回居住的宾馆。

欧洲的巡演获得巨大成功，她创立了舞蹈学校，还成立了经纪机构，这一切同时伴随着爱情。

1905年，克雷格闯入了她的生活。这是一个英俊且充满才华的男人，有着白皙的皮肤，匀称的身材，不俗的谈吐，他是一位演员、导演和优秀的舞台设计师。他们几乎是一见钟情，一见面他就拉着她的手上了马车，邓肯甚至来不及告诉母亲她要去哪里，就跟着他去了波茨坦的工作室。

邓肯将克雷格视作另一个自己，而克雷格则将邓肯视作他记忆中的，或者说是他曾经想创造出来的人物。她在他的工作室里待了整整两个星期，放弃了演出。包括她的母亲在内，所有人都以为她失踪了。母亲差一点精神失常，到处打听她的行踪，去了一个又一个警察局，还去了美国驻德大使馆。邓肯的经纪人和剧场经理简直要急得发疯，因为观众们每天都在期待她，剧场只好对外放风说邓肯病了，报纸上刊登的消息说，她患了严重的扁桃体炎。

就像胡兰成说的，男的废了耕，女的废了织。邓肯和克雷格两个人待在工作室里，热烈地说着话，几乎没有一刻停息。他们谈彼此的理想、艺术理念，也缠绵于床笫，整日整夜在肉体的欢悦中。然而，就两人的性格而言，他们并不合适结合。邓肯极端自我，她不肯因为爱情而嫁给一个人，她是一个典型的家庭反叛者，她为克雷格生了孩子，但却不肯嫁给他。而克雷格则专断独行，嫉妒心极强，他担忧甚至恐惧邓肯的才华优秀于自己。他的自尊心有一种变态的倾向，他喜欢她，又嫉妒她，他不能容忍一个女人比自己高明。他不希望邓肯抛头露面，更不要说去舞台上跳舞了。他经常对邓肯说，你为什么不能抛开你的舞蹈？为什么要在舞台上胡乱挥舞你的双臂？为什么不能留在家里，给我削削铅笔？

邓肯和克雷格的绯闻很快传了出去，就像现在喜欢追逐明星艳闻的人一样，邓肯的花边新闻很快就闹得满城风雨，引起了轩然大波。最激烈的反应来自邓肯所创办的舞蹈学校，舞蹈学校委员会的成员包括柏林的一些上流社会的贵妇，以及有钱的资助人，他们给邓肯送来了一封措辞严厉的信，指责她行为不当，并且集体辞去了董事身份。这一行为激怒了邓肯，她立刻借用了柏林爱乐协会的大厅举行演讲为自己辩白，她在演讲中侃侃而谈，谈舞蹈精髓和自己的艺术主张，还大声疾呼女性的权利，认为女性拥有自由恋爱和生育的权利。她的演讲获得了一小部分人的支持，而更多的人则持反对意见，因此会场上嘘声不断，最终持反对意见的观众们向舞台上扔杂物，将她赶下了台。

邓肯一边参加演出，一边陷在恋情中。她说，有时候人们会问我爱情和艺术哪个放在第一位，我的回答是我无法把两者分开，因为艺术家是这个世界上的唯一情人，只有他才能看见纯粹的美。如果允许看一眼永恒美的话，那么爱便是眼睛所见的灵魂。

尼采说，当女人爱时，男人当知畏惧：因为这时她牺牲一切，别的一切她都认为毫无价值。尽管克雷格极端专横（显然克雷格不懂得尼采说的畏惧之意），但邓肯仍然不舍得离开他，直到他们的女儿出生，他们的关系才慢慢好转。大概和童年时母亲的单身状况有关，邓肯认为婚姻是荒谬的东西，自己可以解决一切事，她认为爱情和婚姻无关，她不需要通过婚姻来获得一个男人，因此她拒绝和克雷格结婚。而克雷格则嫉妒得发疯，因为邓肯几乎每天都沉迷在舞蹈设计中，她的才华像太阳的光芒，令他黯然失色。克雷格怀着强烈的爱与嫉妒心，请求邓肯与他结婚，但他没有得到肯定的答复。克雷格当即勃然大怒，一把拉起坐在椅子上的邓肯的女助手，将她抱进了房间，并锁上了房门。

基于对婚姻的排斥，邓肯决定做一个单身母亲。因此，她很快带着孩子离开了克雷格。邓肯与那些分手后因爱成恨的女人不同，她从不怨恨与自己有过肌肤之亲的男人，甚至不要求孩子的父亲担负任何责任，在她看来，她喜欢一个男人只是因为爱情，不喜欢一个男人同样是因为爱情，和责任义务以及其他任何东西无关。对于克雷格，她从无怨恨，甚至可以说她依旧爱他。她毫不讳言说自己对克雷格身体的迷恋，和从中获得的愉悦。她说，我不知道别的女人是如何回忆自己的情人的，我想，得体合礼的大概总是说到男人的头、肩膀、手等为止。但是我看见的他，解脱衣服束缚之后，洁白柔软、光滑发亮的身躯照耀在我眼前，使我不可仰视。

邓肯曾说，一个男人的爱不同于另一个男人的爱……让人一辈子只喜欢一个人，就好像让人一辈子只喜欢听一个音乐家的作品一样。因此，她很快就有了新的情人——帕里斯·辛格。辛格富有才华，尤其是富有经商的才华。他拥有豪华的别墅、游艇，为邓肯在巴黎市中心购买了一处非常大的建筑，使邓肯实现了创办舞蹈学校的理想。他们在一起生活的时间并不久，邓肯为他生了一个男孩，然而邓肯却拒绝了这位超级富豪的求婚要求，她从未将嫁入豪门视作自己的目的。她是一个视金钱如粪土的奇女子，她想要献身的唯有艺术和爱情。当她意识到自己不爱这个男人的时候，她毫不犹豫地带着儿子离开了他。

我相信，最高形式的爱是纯精神的激情，不一定需要依赖性。她如是说。

　　人生如舞台，邓肯的爱情简直就像是在演绎一幕幕戏剧，然而落幕的方式却是悲剧。离开辛格后，邓肯很快又喜欢上了一个意大利男人。1913年，厄运降临在了邓肯的身上，司机开着车送她的两个孩子回家时发生意外冲入了河中，两个孩子一起死去了。之后，她的第三个孩子在出生后不久便夭折了，上天再一次剥夺了她做母亲的意愿。她是那么喜欢孩子，她让他们接受最好的教育，为他们买最好的衣服，每天都亲吻他们的脸庞，可是瞬间这一切都被剥夺了，她痛不欲生，精神近乎崩溃，完全沉溺在痛苦悲怆的泪水中。她离开了这个意大利男人。然而，痛苦并没有击倒她。她说，我用生命里每一份智慧的力量来反抗婚姻。

　　她全身心地投入到舞蹈当中，继续在欧洲各国演出。她在《舞者之歌》中说，我将哀伤、痛苦以及对爱情的幻灭，转化成我的艺术。在她的生命中，舞蹈艺术是她唯一的指引，就像是她崇拜的古希腊文化中的酒神精神一样，她将舞蹈视为灵魂必不可少的东西。

　　医治爱情之伤的唯有爱情。

　　她很快就有了新的情人，因为她的恋爱频率过高，一些卫道士指责她是高级妓女。高尔基则说，她是一个拼命取暖的女人。也许是吧，作为一个天才，她尽管获得了巨大的声誉，但内心是孤独的。就像邓丽君一样，唱了情歌千首，知心人却没有一个。男人一个个投入她的怀抱，又离她而去，或者说被她抛下，只是因为她发现那不是她想要的爱。爱情是火，没有它会太冷；可是抱得太紧，又会焚身。

邓肯是尼采思想的拥趸，显然也崇拜王尔德，她曾念着王尔德的名言"宁要片刻的快乐，不要永久的悲伤"踏上巡演之路。在俄罗斯，邓肯结识了芭蕾舞大师斯坦尼斯拉夫斯基，邓肯好像迷上了他，往来十分密切，有一天邓肯忽然亲吻了大师的脖颈，斯坦尼斯拉夫斯基也情不自禁地回吻了她，但很显然这位俄国人远没有法国雕塑大师罗丹那么勇敢，他被邓肯的热情吓坏了，担心起自己的家庭来，结果逗得邓肯哈哈大笑。她曾经说，天才对我有致命的吸引力。每一段爱情，她都全身心地投入，但每一段爱情都以悲剧告终，她又投身于下一段，像飞蛾扑火，又像一个吸毒者，不可自控。

邓肯的舞蹈征服了欧美，不但风靡于各大剧院，受到观众们的疯狂追捧，就连欧洲王室也邀请她去演出。在美国演出时，连总统罗斯福也亲临现场。后来，苏联也向她发出了邀请，请她去教授舞蹈。1922年，邓肯在苏联与诗人叶赛宁相见了，这是唯一一个她愿意与之结婚的男人。对于邓肯与叶赛宁的初见，为后来的八卦史提供资料的是当时的一些目击者：她慢慢向前走来，仪态端庄。用那双晶亮的蓝色大眼睛环顾房间，瞥见叶赛宁时，她的目光凝视着他。叶赛宁走过来坐在她的脚边。她用手指抚摩着他的鬈发说，金色的头发。邓肯吻了吻叶赛宁的嘴唇，她那鲜红的小嘴带着愉快的语调，吐出一个俄语单词，天使。

凌晨四点，叶赛宁与邓肯携手离去，他们一起乘坐马车热烈地交谈着，他们似乎有说不完的话。令人难以置信的是，叶赛宁完全不懂英语，而邓肯会说的俄语仅限几个可怜的单词。爱情居然有这种奇异的力量，使两个语言不通的人能够燃烧起来。

随着初见的热潮消退，邓肯开始不满足于自己的语言现状，她聘请了一位俄语教师充当自己的语言老师，这位受过良好教育的俄语教师一个单词一个单词地教授她。但她无法接受这种循序渐进的学法，直接问道，如果我想表达自己的情感，比方说我想亲吻一位漂亮的小伙子，我该怎么说？邓肯的问题显然将这位老师吓得不轻，她再也不来给邓肯上课了。

伊莎多拉·邓肯

"每一次新爱向我走来时，不论是以魔鬼的身份，天使的身份，还是以常人的身份出现，我都相信那是我等待已久，即将复活我生命的唯一的爱。"

1922年5月2日，曾经说过"任何聪明的女人签订婚约之后，还要签订婚约，一切苦果皆是自取"的邓肯与叶赛宁在莫斯科结婚了。一向坚持自由之身，不肯屈身于婚姻的邓肯居然结婚了，当这条消息传到美国后，她的粉丝们震惊无比。她和叶赛宁很快制订了环游世界的旅行计划，在登上飞机之前，邓肯甚至起草了一份遗嘱，在遗嘱中，她把自己的全部财产留给了丈夫叶赛宁。然而，像以前的所有感情一样，这是一段悲剧性的感情。叶赛宁性格忧郁，游移不定，令人不可捉摸，有时候兴高采烈，有时候又情绪低沉。对于大他十七岁的邓肯来说，他简直像一个任性的孩子。邓肯爱他，宽容他，好像是同时在扮演母亲和妻子的角色，她宠爱他，当他故意以命令的口气高声道，伊莎多拉！拿烟来！邓肯赶紧把香烟递到他的手里，并点上火。同样，他又命令道，伊莎多拉！拿酒来！她便乖乖地把香槟酒的酒瓶递给他。她满足他的虚荣心，他也乐于玩这种控制与被控制的游戏。

邓肯究竟出于何种原因要和这个忧郁却粗暴的诗人结合？她绝非一个为了婚姻而舍身不顾的人，她也不是第一次品尝爱情滋味的女人。也许，是母性。叶赛宁卷曲的金发，蓝色的像大海一般澄澈的眼睛使她焕发出内心的母爱，在她的内心，她像爱自己的孩子一样爱叶赛宁。然而，叶赛宁却并非听话的孩子。他固然有诗人的激情和才华，但同时也拥有苏联乡间男人的种种恶习，酗酒，蛮横，粗暴，当他发现邓肯手捧着孩子们的相册流泪时，他抢过她手中的相册扔进了燃烧的壁炉，然后怒吼道，他们已经死了，你用太多时间想他们了。

叶赛宁也不喜欢邓肯的朋友，当他发现她把朋友们带到了家里，并在家里弹琴时立即暴怒起来，捡起一个铜烛台扔向镜子，将巨大的玻璃镜击打得粉碎。客人们被他吓得惊慌失措，他咆哮着，怒吼着，将这些客人称作行尸走肉，得意忘形的家伙，结果客人们不得不落荒而逃。

1924年邓肯与叶赛宁的婚姻走到尽头，1925年年底叶赛宁在列宁格勒（圣彼得堡）的一家旅馆里自尽。叶赛宁的死，对她又是一波残酷的打击。尽管她无法忍受叶赛宁的性格，但她仍然爱他，直到他死，她也未曾和他离婚。她说，我终生都在等待着美好结局的恋爱故事，希望它永远都不会结束——就像大团圆电影里描写的那样。她一生都渴望做一个妻子，做母亲，然而她终究失败了。在才华与命运的抗衡中，她像传说中修真的渡劫者，被雷电之火击中了。

邓肯离开了苏联，这片孕育了无数艺术家的广袤土地，这也是邓肯的伤心之地。爱情没有给予我的快乐，我从艺术追求中得到补偿。

我宁愿全裸地跳舞，也不愿像当今美国妇女那样，半裸地、带有挑逗性、装模作样地在大街上行走。人体本身就是一种美，因为这是现实的、真实的、自由的。它应该唤起人们的崇敬，而不是恐惧。舞蹈家必须使肉体与灵魂结合，肉体动作必须发展为灵魂的自然语言。邓肯的舞蹈，是解放身体的舞蹈。她在自己的舞蹈著作中说，所谓女性美，乃是由认识自己的身体开始。

她收集了大量古希腊的艺术品，研究了古希腊陶瓷瓶上的成千上万种人体形象。通过自己的舞蹈，她将古希腊时期的精神和意志传播给现代人。她甚至在希腊神殿附近买了一块地，以建造自己的神殿。她总是身穿宽松的白色或者其他颜色的长袍，赤着

沉醉在舞蹈中的邓肯

脚在舞台上跳舞。她的舞姿充满了率性、自然、即兴风格，然而每个动作都流畅、完美，仿佛就应该是那样。与芭蕾舞的景致和严谨相比，她的舞蹈唤醒了人们的情感，使人笑，使人哭，使人发狂。总之，她的舞蹈中有一股生命的力量，发自内心的情感。她说，在一群观看我表演的公众面前，我从来没有犹豫过，我把自己内心最深处最隐秘的冲动展现给观众。

与其说她的舞蹈是艺术，不如说是一种宗教。

在艺术与爱情之间，她身上有一条统一的规则。当她爱一个人的时候，她会毫不犹豫地奉上自己的身体，甚至强烈地想为对方孕育孩子，就像把舞蹈连同自己的心奉献给观众。当她不爱一个人的时候，她绝不向对方敞开身体，即便对方是国王，或自己将冻饿而死。在她的身上，罕见地保持着情感与肉体的统一，那些污蔑她为"高级妓女"的人，并不真正了解她。

1927年8月的一天，她告别朋友，披着自己喜欢的红色长围巾乘敞篷车离开，围巾被卷入车轮，颈动脉被围巾勒住，导致动脉断裂，瞬间便香消玉殒。她曾经说，我们每个人不过是熔炉里的一点星火……它燃着，我们便有形有体；它熄灭了，我们便化为乌有。我们无法想象皱纹爬上她的额头，也无法想象她老态龙钟的样子，也许这是上帝的选择。

所有的牺牲都是要开花结果的。她终身致力于现代舞蹈的普及，她曾不无骄傲地说，从芬兰到南美，各国都依据我的思想成立了舞蹈学校。

后世的人们津津乐道于邓肯与无数个男人之间的情感纠葛，就像追星族迷失于偶像层出不穷的八卦中，却完全不懂情感对艺术的价值。伪君子通常恐惧肉体，他们胆小虚伪，像行尸走肉一样，否定感官的价值。而纯粹的色欲依赖者则沦陷在感官的迷醉中，成为缥缈的影子。邓肯勇于表达感官的价值，但同时对感官又有着自己的认识。她说，我从来没有昏过头；相反，感官的快乐愈是强烈，大脑的思维就愈是活跃。一旦大脑成为感官的直接批评者，贬损甚至侮辱快乐的时候，意志就会站出来极想要点安眠药，让不受欢迎而又不肯罢休的智慧那厮的说教一边躺着去。……智慧倒下前做出最后一次抽搐，接着便掉进虚无之中，而这种虚无往往会给智慧和精神带来最深重的灾难。

邓肯所热爱过的男人，宛若星空的明星，他们激发她的灵感，使她的生命新生，当然也带给她巨大的痛苦，爱情成就了艺术。也许高尔基说的是对的，她是一个需要暖意的人，而她也从这种暖意中找到并紧握住了艺术女神的手，男人就像她的灵媒。

Gabrielle · Bonheur · Chanel

加布里埃·香奈儿

香奈儿

时尚女人，情人都是事业的支撑点

///

20世纪60年代，一位记者向美国影星玛丽莲·梦露提出一个问题："晚上穿什么睡衣入睡？"梦露回答："擦几滴香奈儿5号而已。"采访一播出，香奈儿5号香水名声大振，至今风靡不衰。这是第一款以设计师命名的香水，此香水的设计师就是已经在时装、首饰等时尚品牌占有一席之地的香奈儿。

23 岁的香奈儿

香奈儿说：奢侈的对立面不是贫穷，而是粗俗。

香奈儿虽然出身贫穷，却有着自己的信念和坚持，她不安于贫寒的命运，也曾用自己的魅力吸引了几个男人，但她的目标不是做一个贵妇人，不是用一生来经营一个男人，绑住一个男人，而是凭借他们的资助发展自己的兴趣和事业。

艾提安·巴勒松是香奈儿生命中的第一个男人。他来自巴黎上流社会，但对社会阶层没有一般像他那样出身的男人身上的势利看法，他敬重香奈儿的聪敏和独特，对她充满热情，把她带到自己的城堡，一起骑马、打猎，开办舞会，生活十分安逸，但是，艾提安的母亲对香奈儿的身份极为反感，竭力反对她成为他们家族的一员，所以，艾提安只能和香奈儿保持情人关系。因为不能和她结婚，他怀着歉意给她提供了一间单人公寓，让她做工作室。

如果换了别的女人，一定会大哭大闹，拼尽一生去争取那个名分，表面看是为了尊严，其实并不值得，那个虚浮的名分实在抵不上自己人生的重要，香奈儿不会为那个虚名或者那个人消耗掉自己的一生，她太聪明或者说太精明，识时务而立刻掉转方向，在法国杜维埃这间别致的饰有"加布里埃·香奈儿"字样的精品屋里，她开始了她梦想的第一站。情人的供养终究不会长久，她也不愿意依附于男人而活，香奈儿迷上了时装设计。

她从男人身上得到灵感，男人可以穿水军服、毛呢大氅，女人为什么要被喘不过气来的胸衣和沉重繁复的裙装束缚得紧紧的呢？香奈儿要把女人从紧束中解放出来，她在男装上吸取了很多元素，设计出简单舒适却不乏高贵的女装。之前女性只能穿裙子，她提出女性也可以穿长裤，并从水裤取材，推出"sailor pants"和"beach pyjamas"，从此"男装女穿"开始盛行。

这不但需要勇气，更需要敏锐的眼光。香奈儿身上流着叛逆的血液，在那个崇尚女性柔弱的时代里，她标新立异，把裙子剪短，不留长发，掀起一股简洁、自由的风潮，她说："我剪短头发，我不是改变时尚，我就是时尚。"她成了优雅的典范，时尚的领路人。当人们追随潮流的时候，她已经成为潮流。她不会追随别人，而是被别人追随。

虽然战争的乌云已经密布空中，法国的贵妇们仍旧为了炫耀丈夫的身份地位，大肆铺张高规格的羽饰、长裙，显得臃肿而麻烦，香奈儿借用男式针织衫的灵感，设计了第一款女式针织羊毛运动装，作为女性户外活动的休闲装。她无视众人对这款休闲装的非议，自己先穿上，招摇过市。这表现出她强烈的个性，她"要把妇女从头到脚摆脱矫饰"，她要"创造一个年轻的形象"。女人不再是附属之物，而是能担当起社会重任的公民，她也成为改造社会、成就社会的一员。

事实证明，她的做法是正确的，波烈式的宽大拖沓的裙装不适宜更多的社会活动，而且有些滑稽可笑了，香奈儿用质地柔软的内衣面料创作出女性套装，将男装稍加修改，配上一枚饰针便成为新颖的女装……她的创造力像一股狂风，席卷而来，终于把保守的女人变为跃跃欲试，而后是疯狂地爱上她的风格。

香奈儿的灵性随处可见，俯拾皆是。因为天气忽然变冷，她可以随手罩上向情人借来的马球套衫，束腰、卷袖，一副潇洒迷人的模样，每一个造型都被人们争相模仿，成了"香奈儿"装。

在战争年代，有些人一贫如洗，有些人一夜暴富，杜维埃多了很多阔佬，香奈儿的时装店也扩展成大公司，她本人进入法国时装界。

　　几年时间，香奈儿已是出名的时装设计师了，她生气勃勃的身姿和突然而来的创造灵感迷住了那个时代，她成了巴黎的宠儿。1920年，一家巴黎报纸撰文道："这是位令人惊愕的天才，她的服装富有女性美的艺术，是匠心独运的充分展示。"那些挺胸凸臀、杂乱的高级时装被香奈儿主张的舒适自如、色彩单纯的两件套套装代替。这是服装艺术跨时代的变革，她充满自信地说："我使时装的观念前进了四分之一世纪，我凭什么？因为我懂得如何解释自己的时代。"怎样穿比穿什么更重要，这种现代观念也是被香奈儿开启的，一件简单的衣服穿在她身上就显得华贵，有档次，因为她特别重视衣服的搭配，一枚胸针就成为一件衣

双C标志

服的"眼睛"，成串成串的珍珠链更是增添了设计简洁的服装的华丽感。

后来，香奈儿创造了自己的"双C"品牌，双C字紧扣的标志成为一种时尚和文化的象征，人们以"双C"标志的服饰代表自己的风格和地位。其实"双C"是有来历的，第一个字母C是她的姓CHANEL的首字母，而第二个C是情人鲍伊·卡柏（Boy Capel）姓的首字母。

如此说香奈儿并不是一个冷酷无情的对男人只是利用的人，她有更深沉的感情，只是不沉浸，这代表了她理智的一面。在卡柏意外死去后，她设计小黑裙以示对他的怀念：让全世界的女人为她的男人穿上丧服。

卡柏是香奈儿众多追求者中的一个，来自英格兰，他潇洒且聪明，勤劳实干，靠着战争时销售法国铁路使用的煤炭而致富，与那些无所事事吃祖业的巴黎老派绅士截然不同。也许是惺惺相惜，他看中香奈儿靠头脑和双手开辟自己的天地，这是一个真正热爱自己事业的女子，骄傲又有品位。香奈儿选中他，也是出于同样的欣赏态度。他为香奈儿投资了一家女帽店，香奈儿还成为

鲍伊·卡柏（Boy Capel）

女帽设计师。之后几年，她又合并了同一条街上的几家店面，如今这些店面还挂着她的名字，专做高级定制。

其实早在开店之初，鲍伊就提出要和香奈儿结婚，但是香奈儿说："我爱你鲍伊，但我只能在不再依靠你之后再嫁给你。"鲍伊说："你太骄傲了，你会受苦的。"大凡骄傲的人都会受苦，她所受的苦要配得上她的骄傲。个人的安逸算得了什么，那个温暖的港湾毕竟不能满足她的需要，她把全部的热情和智慧投于事业中去，当她终于能够把投资费还给鲍伊的时候，能够嫁给他时，终于说："如果他要求我，我会明天就嫁给他，无须任何条件。"鲍伊却出了车祸。

这成为香奈儿终生的遗憾，那一刻，她万念俱灰，但是并没有沉沦，她用自己的方式纪念死去的爱人。除了双C标志、小黑裙，更耀眼的是珍珠项链。卡柏当时正赶着去给她送一串珍珠链，却死在自己的跑车轮下。这串项链就变得极其珍贵，所以她的搭配风格中总是少不了一串珍珠。

香奈儿从来不是某些人鄙称的"做衣服"的，她是真正的艺术家，艺术家都是任性的，她的作品中，即使是给大众的作品

中，也充塞着个人情结，那串珍珠只与她个人有关，她的眼泪，
她的心痛，她的记忆。

　　当所有的爱情都被时间掩埋，香奈儿的爱情却在她的品牌中
流存至今。还有比这更好的祭奠吗？

香奈儿珍珠项链

她说："你可以穿不起香奈儿，你也可以没有多少衣服供选择，但永远别忘记一件最重要的衣服，这件衣服叫自我。卡柏让我明白我可以照自己的方式生活，照自己的意愿经营事业，照自己的欲求选择爱人，这是卡柏给予我的最好的礼物。"

他对她影响至深。

即便如此，卡柏生前还是迫于家族压力娶了背景显赫的戴安娜为妻。香奈儿一直跳不过的是她的身份。她的骄傲也源于这种深深的自卑感，所以她直到晚年还在隐瞒自己的出身。像有些人说的，"她的一生犹如一本谎言集""总是在改编她的生命经历。真相和历史在她面前是经过修剪的自传体小说。过往和未来于她都是靠自己创造出来的"。

香奈儿十二岁时，母亲离世，父亲抛下她和兄弟姐妹。后来她进了修女院，在那里学会针线活。做过助理缝纫师，还做过歌女。"可可"是她唱过的一首描写流浪狗的歌的歌名，后来成了她的艺名。因为她身材瘦削，面庞清秀，有着乌黑发亮的眼睛和高挺的鼻梁，所以在其他歌手中脱颖而出，引来众多爱慕者。其中不乏有名有财者在交往中给予她资助与提携，她也迫切想进入另一种生活。正因为出身的关系，让她没有贵族小姐之类的顾虑担忧，没有道德包袱，她生存的唯一法则就是发展她的天才。这也造就了她品质上的叛逆勇敢，利落干脆，更容易冲破成规，有了前卫的设计。

香奈儿的审美标准是宁少毋多，她不喜欢像那些贵妇一样往身上不停地叠加，珠光宝气，累赘臃肿，她的这种极简主义源于早年的贫穷，在一次聚会上，当人们知道她曾经做过歌女时，就让她给大家唱歌，她感觉极其尴尬。从那以后，她相当厌恶粗俗，认为所有过度的装饰都是粗俗，她在竭力避免粗俗，所以她的设计看起来简洁，但却高贵典雅。

她竭力掩饰这段孤苦的经历，没有告诉过她的任何一个情人，她只说她来自法国奥弗涅省普通商人家庭。

卡柏去世时留了四万英镑给她，他知道她是一个特别的女人，知道她可以用此来扩充自己的事业。香奈儿果然没有沉溺，她虽然一度把自己的卧室漆成黑色，但是有一个晚上，她忽然决定把黑色换成粉色，她不要在黑暗中毁灭，她要向前，前方有更明媚的地方。

　　俄罗斯大公爵狄米崔把香奈儿带进拜占庭皇室，欣赏了常人所难以见到的雕像，还把她带进巴洛克辉煌珠宝的世界，她从中得到了许多创作的灵感。两人恋爱期间，经大公爵引荐，香奈儿结识了前沙皇御用调香师恩尼斯·鲍——香奈儿5号的配制者。这款香水面世的时候香奈儿已经四十岁了，香水成了香奈儿品牌的重磅作品。

　　香奈儿从她经历的每个男人身上汲取营养，她的爱情造就了她的成功。注入情感的灵魂是优美的，注入灵魂的衣服是经典的。香奈儿的设计是灵魂之作，除了设计，她还敏感地把握住女人应该有的态度，与男人一样的强悍和自我。

　　香奈儿本人便是强悍的，富于自我的，她的美带有冲击力，让人敬畏。

　　她用自己的力量成就自己，满足自己。

　　记得影片《香奈儿的情人》中一个片段，香奈儿七年后再次遇到有家室的音乐家斯特拉文斯基，她独自回到屋里后，看着相框眼泪止不住地流下来，原来自己对音乐家的感情并未间断，她当即把相框啪地扣在桌上，穿着睡衣跑去找音乐家了。

当她看清楚自己的心，她会勇往直前，有人为了把香奈儿与鲍伊的爱情理想化，认为她只对鲍伊的感情是真的，所以对这段感情生出反感，然而也许这才是人性，爱情源于每一次心动。

那还是在1913年，香奈儿与卡柏还在热恋中，法国巴黎香榭丽舍大街的剧院中，作曲家斯特拉文斯基的《春之祭》首次演出，他我行我素的艺术家气质引来众人非议，演出以混乱收场，香奈儿却对剧中的音乐印象深刻，从此记住了斯特拉文斯基这个颇具天赋的音乐家。

没想到在卡柏过世后一年，她再次遇到了斯特拉文斯基，他正处于走投无路的境地，香奈儿就邀请他一家到自己的别墅里居住。两人互相欣赏，日久就生出爱慕之心，斯特拉文斯基没有了生存的烦恼，就能专心创作，尤其是香奈儿的爱情激发了他的创作激情，香奈儿也因这段感情促成了香奈儿5号香水的诞生。他们的爱情越发炽烈，尽管斯特拉文斯基的妻子卡特琳娜就在同一个屋檐下，香奈儿还是明目张胆地追求自己内心的渴望，卡特琳娜说："您是一位成功的女人，但我却不能敬重您的为人。"她带着孩子毅然搬出了香奈儿的别墅，音乐家最终选择了他的家庭。

也许，香奈儿没有得到这个人，却得到了他的爱情，两人至老还回忆着对方。香奈儿不会因为世俗的禁锢而压制自己的感情，在"舍己为人"的虚伪思想指导下，她展露的是最本真的人性，愉悦别人，但也不忘愉悦自己，上帝面前，人人平等，没有必要一定把自己放在别人的后面，谁也不必成为谁的牺牲品。

她花男人的钱，也为男人花钱。保罗·艾里布是个有创意的插画师，还擅长家具设计、珠宝设计，行为怪诞，举止超常，或许香奈儿就是喜欢这种从攘攘大众中脱颖而出的人，她曾认真地考虑与保罗的婚事——当时香奈儿年逾五十，但看起来只有三十岁。然而最终放弃了，爱情诚可贵，自由价更高。她不会为任何一段感情放弃自我，像卡柏看到的，工作、工作，香奈儿的心里永远不能没有工作，她谈情说爱的同时，绝不懈怠工作。工作是自己的，男人终究是别一个。世上最不可靠的便是人心，像白流苏说的，靠得住的只有腔子里这口气了。对香奈儿，靠得住的只有自己的事业，生命中每个男人都成为激发她创意的源泉，她的爱情，她的情人，似乎都是为了成就她的事业而存在的。

香奈儿从来不缺少爱情的滋润，她一生有很多情人，有英国富豪、法国诗人、俄国作曲家、纳粹军官……有人问她：这么多机会，为何终身不嫁呢？她俏皮地耸耸肩，说："大概因为我没有找到一个能和'Coco Chanel'媲美的漂亮名字。"在没有选择的时候，选择不选择，这是最明智之举。生活不可以凑合，爱情更不可以。

都说俗世烟火也有温情，可是我看到的只是琐碎、烦躁、重复、鸡毛蒜皮，那一点点温情也是有条件的，有局限的，俗世的东西是因为习惯才被奉为真理，不过是人生的浮沫，只有把它们全撇干净，才能看到生活的本质。香奈儿是直抵爱情本质的人，掠去了婚姻、丈夫、孩子，和一切的枝枝蔓蔓。

著名的威斯敏斯特公爵是香奈儿的追求者之一，他被拒绝后，伤心地问："对你来说，难道连威斯敏斯特公爵夫人这个头衔也不够好吗？"香奈儿微笑着说："亲爱的，你要知道，地球上有很多公爵夫人，但只有一个可可·香奈儿。"这句经典对白，瞬间流传，给香奈儿公司做了无形的宣传。

除了威斯敏斯特公爵，被香奈儿拒绝的求婚者还有众多，不是身世显赫的豪门贵族，就是声名远播的艺术家，他们都表现出一腔热情，对香奈儿情深款款，但是终究没有一个真正进得了她的心，她的朋友丘吉尔说：她（香奈儿）是最能干、最出色的女性，她的强烈个性连兴奋剂也相形见绌。她和大画家毕加索、达利也保持着终身的友谊。

香奈儿是我行我素，不畏人言的，只要自己喜欢，她随时可以跟纳粹军官走，在"二战"期间，她就随德国驻法国大使馆武官汉斯·丁克拉格男爵去了瑞士，汉斯其实是个间谍，但这有什么关系，国家之间的冲突跟她有什么关系？！只是到了后来，她开始鄙视他，因为他不过是个吃软饭的。

直到八十八岁的时候，香奈儿也如杜拉斯一样有情人陪着，那时候是温莎公爵。

香奈儿不但是个独立、坚强的女人，她的强悍让她建立了一个时尚帝国，她还是一个女人味十足的女人，优雅、感性，懂得生活情趣，享受感情的乐趣，她追求事业，也追求自己想要的生活。她是一个把幸福握在自己手中的女人。

自由、自我，省去所有枝蔓，以最快捷的方式直抵生命最本真的地点，虽然有些飞扬跋扈，但始终真实。没有人，没有任何人，需要委曲求全。

遵从本心，杀伐决断，撕下所有道德面具，才能达到理想境地，成为一个完整的自然人。

"宽以待人，严以律己"，看起来很美，其实这种双重标准已经有了理智的参与，而香奈儿是发自本心的完美主义，她不但对自己要求极高，对别人，也非常严苛。她的话语甚至可以用恶毒来形容，以至于没有一个可信赖的朋友，但那又怎样？她照样建立了自己的商业帝国，照样做法国最富有的女人。

是的，没有必要委屈自己。

坐在康朋街总店的台阶上，四周布满了金器、乌木漆面屏风与水晶制品。香奈儿睥睨世俗地仰着下巴，嘴里吐出一个个烟圈——她一天抽50支香烟；温泉小镇的舞会上，她打扮得绚丽又与众不同；阳光十足的海滩上，她的皮肤被恣肆地晒得黝黑；她还在赌场中玩得汗流浃背……

对于男人，她更像亲密的伙伴而不是需要区别对待的"女人"，她不"为悦己者容"，她只为自己容。"我为自己而着装，如果我不会穿的衣服，我也不会去制作它。"她曾说过："我设计运动服装其实是为了我自己""我开创时尚风格的真正原因，是因为我是第一个20世纪的女性"。女性，再不是物品；世界，再不能全由男人主宰，香奈儿要主宰时装世界。

香奈儿还把自己的地位提升到与客户同样的高度，她把一些地位尊崇的贵妇邀请到自己的时装店，像公主在皇宫展示她的服装那样，销售她的珠宝。她是时尚界的女王，她的流行品位是不容置疑的。

年过七十的香奈儿重返时尚界，外界反应冷淡，当时人们更推崇迪奥，法国媒体还嘲笑过她，如果失败的话不仅仅会给她带来极大的失望，还会影响她王国中的资产——香水的地位，但是她坚定地说："我引领了四分之一世纪的时尚，因为我属于自己的时代。重要的是，我在适当的时机做了对的事。流行时尚会变，但风格则可长存。"在别人看来，这是狂言，但香奈儿很快就印证了自己的言论，一年后，她重拾往日的名声，她的原创设计没有人可以模仿，菱格纹肩背包、围裹式双片裙、黑头平底双

加布里埃·香奈儿

色鞋、丝质轻柔外套……《EllE》杂志的创办人一心想给女人新观念，就看中了香奈儿，她在杂志封面介绍香奈儿的商品，给予了长久的支持。英文媒体也大肆宣扬"香奈儿风格"，从此香奈儿品牌横扫大西洋两岸。香奈儿集团至今仍以香奈儿精神为其设计理念。

1971年6月10日，香奈儿独自为时装发布会工作到很晚，凌晨时服用了安眠药，睡着了，从此再没醒来。她八十八岁。临终时穿着自己喜欢的套装，戴着项链。这位古典主义的宗师，直到生命的尽头，也保持着自己完美的形象和风格。

香奈儿说："愿我的传奇常留世人心中，永远鲜明如新。"

果然如是，香奈儿的一生是传奇的一生，是无悔的一生，人们不但会记住她多姿多彩的设计，还将记得她美丽、诙谐、自由、骄傲和叛逆的现代气质，以及她的自信和勇气，"……诚如拿破仑所言，他的字典中没有'困难'二字，我的字典中也找不到'不成功'三个字。"

吸引读者的总是富有传奇性的人生，据调查，纽约公共图书馆中，有关香奈儿的书有85种之多，而迪奥才24种。

传记作家丽莎·钱妮说："世上有很多设计师，其中不乏比她富有者，但没有一个像她那样，改变了自己的时代。她经常被贬损为一个设计裙子、珠宝与手袋的名人，有着不雅的私生活——她被描述成那种典型名人，但这解释不了为何她是了不起的，也妨碍我们从'人'的角度去了解她。对于一个在现代世界形成中扮演了重要角色的女人，这有失公允。"

不管怎样，香奈儿的一生既精彩绝伦又跌宕起伏，事业、爱情，其人其行，那么与众不同，她去世后，法国总统说："法国20世纪留下的三个名字，戴高乐、毕加索与香奈儿。"

香奈儿是对传统文明的挑战，她的这种不背负道德包袱的我行我素有点像米切尔笔下的郝思嘉。

Margaret · Mitchell

玛格丽特·米切尔

米
切
尔

一 生 写 一 本 书 ， 只 写 自 己
的 爱 情

///

郝思嘉完全遵从生存的本能而活。

　　而接受了文明的艾希礼却被思想禁锢住，在新旧文明交替的
时代，他无法战胜这种更新，所以丧失了最起码的生存能力，他
看透这一切，也看透自身，却无法将自己的原始本能激发出来，

而郝思嘉——这个不被任何观念所束缚的女子，就能够抓住这一丝原始的求生力量，为了活下去，为了吃饭，杀伐决断，"不择手段"。她的身上焕发着原始的生命力的光彩。

艾希礼羡慕和敬重这种气魄，但是他连爱的能力也没有。既无力表达，也无力选择。郝思嘉问他，你喜欢我吗？他沉默；你喜欢她（媚兰）吗？他仍旧沉默。就是这种不确定让郝思嘉一直怀着希望，自以为是地以为他爱自己，所以她拼命地保护他，以及媚兰。她为了让他们及家人生存下去，拼尽力气。当一个酒厂敲诈她时，她为了钱嫁给了自己不爱的弗兰克。白瑞德说：他（艾希礼）不爱你，他若是爱你，就算是去偷去抢也不会让你做这种事。

懦弱无能的男人是最自私和残忍的，他会用"我不能""我没有办法"来消耗你。

艾希礼的原型是谁？是这部小说作者玛格丽特·米切尔的初恋男友、未婚夫青年军官——克利福特·亨利少尉，那个温文尔雅，腼腆羞涩，有才华有思想的英俊少年。他如艾希礼是郝思嘉的梦中情人一样是米切尔的浪漫理想，也许他死得太早，他的性格没有完全被米切尔所了解，像天使早夭，他永远留在了她的心里。

正值第一次世界大战，美国的热血青年纷纷奔赴战场，米切尔的哥哥亚历山大和未婚夫亨利也在其中。米切尔刚到史密斯学院学习不久，就传来亨利牺牲的消息，那一年，她才十八岁，第一次体味了生离死别。没过多久，她的母亲也被流感夺去了生命。母亲是家庭中的支柱，她是个女权主义者，坚毅、刚强，有一股风风火火的劲头，连对米切尔哼的摇篮曲都是关于战争的，米切尔从小就在战争的熏陶中成长。她在学院中的学习成绩越来越差，索性退学回来作为家中唯一的女性照顾父亲与哥哥。但是父亲从未从母亲的死中解脱出来，母亲一直是父亲生活的动力和勇气，父亲失去了所有的活力，对生活只选择逃避，正如米切尔笔下郝思嘉的父亲，她也如郝思嘉一样永远代替不了母亲在父亲心目中的位置。

没有了母亲的管教，她身上反叛的种子发芽了。她穿着暴露，剪短头发，在古板的上流社会的聚会上，跳暧昧的艳舞，米切尔身上这种野性的魅力吸引了同样放浪形骸的厄普肖，其实那个时候的她正如活泼淘气的郝思嘉，说话幽默且滔滔不绝。她也迷上了落拓不羁、风流潇洒的厄普肖。她与名声不好的厄普肖一起加入桃树街快艇俱乐部。狂饮、抽烟，说粗俗猥亵的笑话，两人几乎是为所欲为，置社会习俗道德于脑后。但是在新婚蜜月的路上，米切尔还对之前的未婚夫亨利津津乐道，这让他们的婚姻产生了裂痕。以至于在之后的很多年中，她总是在怀疑：他们婚姻的破裂是不是自己负有相当的责任。

厄普肖即是白瑞德的原型，后来辍学做酒贩子，他不但酗酒，还有暴力倾向，在旁人看来是个游手好闲的恶棍，亲友们一致反对米切尔与厄普肖的结合，米切尔却对此不管不顾，一意孤行地嫁给了厄普肖。但很快就离婚了。后来有人为米切尔辩解说，她只是年少无知，是那个年龄的叛逆所致，是故意跟不看重她的父亲作对。其实，米切尔是真的迷恋他，即使在米切尔的传记《塔拉之路》中厄普肖也有迷人的风采。

在一次聚会中，厄普肖曾悄悄地对约翰·马什的妹妹弗朗西丝坦白说："约翰认为他将赢得佩吉，但我有更大号的武器。"弗朗西丝回忆时说："我想他的意思是他正在使出他浑身上下的性的吸引力——这在他可是不少的。"

当他们关系破裂之后，他最后一次把背影留给她。

他第一次出走时说：他将离开亚特兰大。她看着他的汽车渐渐离去，心碎了。

后来他又回来，并且找上门把她关在房间里实施了暴力。他成了她的噩梦，她配备小手枪以对付他。即使跟马什在一起的那几十年里，也时时担心他再回来。

可是，他没有再回来。没有为夺回她而大打出手，甚至没有在离婚听证会上露一下面。

"淡漠，那是你能从你所爱过的男人那儿得到的最残酷的重击：它甚至比仇恨还要糟。"米切尔的自尊心受到了重击，或许就是从这个时候起，她患了自卑症。米切尔供职的报社副主编梅多拉为眼看着米切尔的自由精神丧失深感痛惜，她把责任怪罪到马什身上来，认为是马什控制了米切尔。

只是有一天，米切尔接到了他的电话，他说："我猜你还爱着我。"显然，他已经看过《飘》了。

因为厄普肖与白瑞德极其相似，米切尔一直恐惧他会告她诽谤，但是有一天，她从剪报上看到他死亡的消息。他是从旅馆十五楼掉下去的，是自杀。米切尔只喃喃地说"多么可怕的死亡"。这是一个悲剧式的人物，我想，他也一定爱着米切尔。

骄傲的男人和温和的男人不同，他容不得混沌，容不下他的女人心里装着另外一个男人。相对来说，约翰·马什就温和得多，应该说太温和了，人们猜测他就是《飘》中的弗兰克，那个老实本分的男人。

马什也是厄普肖的朋友，还曾是他们婚礼上的伴郎。两人一起追求米切尔，米切尔享受着为赢得她芳心而进行的竞争，她此时正如郝思嘉一样"已将自己卖弄风情的技巧发展到这样的地步——她可以使几个男人同时爱上她，但仍能把他们全保持在身边一个随手可及的距离上"。马什曾对妹妹弗朗西丝说米切尔简直就像现代时髦女郎，她那烫人的感情只能用铁腕般的意志才能抵挡得住。他确实抵挡住了她的魅惑，但也失去了她。在这场角逐中，最终还是厄普肖获胜。马什所使用的"保持拘谨忠厚可靠的形象，在众垂涎不能自制者中脱颖而出"的手段失败了。不过马什早就预料到他们的婚姻不会长久，但是在后来他们的争吵中，马什一直是劝和不劝分，直到厄普肖告诉他将与米切尔离婚，并离家出走，马什才走进来。马什无微不至地照顾米切尔，陪伴她并鼓励她去应聘记者，米切尔果然去了，从照顾父亲和哥哥的家庭女佣般的女子成为一名大牌记者，这个过程中，马什一直给予她帮助和勇气。

米切尔个子娇小，虽然二十二岁了，却像十六岁的小女孩，报社特别为她把办公桌腿各锯掉三英尺，免得她的脚够不着地面。她为《亚特兰大日报》访问当时各阶层的人物，挖掘出被别人忽视的一些社会问题，还写得一手活泼有趣的报道文章。主编哈里•布兰奇和副主编梅多拉都非常欣赏她。

之后她因为骑马摔伤了腿回家休养，暂时离开报社。米切尔的创作就是从这个时候开始的，她从小就写一些小故事，而且对战争耳濡目染，外祖母和母亲经常给她讲战争的故事，尤其是外祖母把亚特兰大那场大火描述了几十次，她照搬到《飘》里面。

她曾经对朋友说："我经常在想，为什么读者会喜欢这本书。或许因为它写的是一个象征勇敢的故事，才引起读者的共鸣吧。我相信，这个世界，只要有勇气，就不会毁灭。"可见她对生活充满希望，她相信勇气横扫一切。她笔下最有勇气的两个女

亚特兰大的大火

性，一个是外露霸道的郝思嘉，一个是内敛善良的媚兰。

郝思嘉说："明天将是新的一天。"这不是盲目乐观，她是相信自己能凭着勇气赢回白瑞德，"无知者"无畏，不被知识和文明捆缚的生命无畏。而有些人却用这句话自我安慰，"明天将是新的一天。"他们并不是真正的乐观，而是盲目乐观，视悲观如洪水猛兽，因为害怕事实真相会毁坏他们如肥皂泡般的美好梦想，真正的悲观不是杞人忧天，而是一种智慧，一种清醒，一种能穿透事物本质的能力，它不回避真相，不粉饰现实，不自欺欺人。而真正的乐观是自信和勇气，不是相信就可以，不是说说想想就可以，是要付诸行动的。

日子可以通过双手变好，险境可以通过头脑改变。所有的坎儿都能迈过，只要你还没有灰心丧气。勇气是生命之火。

而媚兰的身上有一种韧性。正是这种韧性让她不畏艰难、不惧敌人，时时刻刻守在郝思嘉的背后，准备为她牺牲。如果说

明天又是另外的一天

明天又是另外的一天

郝思嘉的勇气是源于生存，那么她的勇气是源于爱，她懂得艾希礼，所以临死时将他托付给郝思嘉，她自始至终是明白他的懦弱无能的，但是从未鄙视他，只是像关爱孩子一样关心呵护他。她也懂得白瑞德，所以在亚特兰大，唯她尊重白瑞德，而白瑞德也只敬重她一个人。

媚兰是付出型的女子，郝思嘉是索取型的。

恰恰，郝思嘉对艾希礼和白瑞德一个也不曾懂得。因为她太自我了，她没有时间去了解别人，她只紧紧地盯着自己的感受。米切尔在书中说："她从未真正理解过她所爱的那两个男人中的任何一个，所以她把两个人都失去了。"自我的个性确实让人着迷，所以白瑞德一再纵容她的任性，紧追不舍，决不放弃。可是再坚强的男人也会累的，没有尽头的等待总让人心灰意冷。人在局中，总是自我膨胀，或许只有对方离开才能让自己清醒。

米切尔自己也从未理解过她所爱过的那两个男人，她也失去了他们。也许，她从未真正爱过她的丈夫约翰·马什，有的只是依赖和感激，因此马什用不停的帮助来"控制"她，如梅多拉所猜测，他才是真正的恶魔。

米切尔与马什结婚，搬进一所简陋的公寓。米切尔享受着这种平淡而真实的幸福。但是因为第一次婚姻失败，她的内心产生了极度的自卑心理。与马什结婚后，她对他有些言听计从，她为马什放弃了喜爱的记者工作，又听从他的话开始写一本书。他让她写作，他必得做编辑，她离不了他的编辑。

他说："我愿舍弃一切去拥抱这种天赋。"他知道她有写作的天赋，似乎早就料到她会写出一本《飘》这么成功的小说来。结合如双刃剑，正如爱，支持和控制并行。这种控制也是爱的一种形式，他是下意识地这样做，并非有预谋地控制，他太把她当成自己的中心了。

他也确实为这本书付出了太多心血。

几次动笔又几次放下，她时而激情四溢，时而又信心不足。他白天在亚特兰大动力公司上班，晚上编辑她的稿子，米切尔的小说是从最后一章写起的，想到哪儿写到哪儿，这里一章那里一章，混乱地扔得到处都是。马什回来就问，今天写了什么？她总要交出点什么，所以大多数时间为了回应他的热情，她都坚持坐在打字机前。他有时候惊喜地说这一章写得不错，有时候狠狠地批评她那一节，写得糟透了。

这仿佛是他们两个人的共同的孩子，马什为了她的书稿甚至放弃了一次晋升的机会。作为男人的事业和生活上的追求，他都置于一边，把全部的热情和智慧投入到她的书稿上来，以此为己任，以此为乐趣。

直到《飘》出版，马什又承担了与各国谈版权、记账、撰写新闻稿等业务工作。

从1926年开始，这本小说断断续续写了七年，1932年一个偶然的机会，高达五英尺厚的稿纸装在一个个大口袋里，几乎没有成型，就被麦克米伦公司的编辑莱瑟姆拿走了。莱瑟姆深深地被吸引了，即使没有定稿，在公司高层研讨会研究过后就立即开出高版税签约。

1936年《飘》正式出版，半年之内已经销售上百万册，米切尔一夜成名。这本书把南北战争血雨腥风中绽放的爱情描绘得如此扣人心弦，白瑞德成了所有女人的偶像，而郝思嘉是否最终与他走到一起也成了人们非常关心的问题。连米切尔的黑人女佣贝茜接电话时也会说："郝思嘉与白瑞德是否再相逢，米切尔夫人也不知道……"贝茜回忆说："小说出版的当天，电话铃每三分钟响一次，每五分钟有人敲门，每隔七分钟有一份电报递上门来。公寓门口总站着十几个人，他们静候着玛格丽特出来，以便请她在小说上签名。"仅第一周就有三百本《飘》从全国各地寄到米切尔手里，这些崇拜者希望她签名后再掏钱给他们寄回去。很多记者要求采访米切尔，各地也发来让她巡回讲演的邀请，要求她为各慈善事业捐款的人更是络绎不绝。

米切尔一上街就被人群围住了，竟然有人从她真丝外套上揪下一颗纽扣去作纪念，还有人冷不丁地剪下她的一缕头发，她被吓了一跳。

为了避开狂热的人群，她独自一人开着车逃到山里去，正好作家格兰贝利邀请她去，那个小镇果然没有一个记者。

《飘》以五万美元卖断了版权，签约的影视公司频频向米切尔寻求指点帮助，但是她怕万一电影拍不好，连累了自己，一直置身事外，却又总是时时地在外界发表自己的意见，比如他们选的哪个演员让她崩溃。

　　演员选秀还闹了很多笑话，比如她正在理发厅吹头发，一对母女来到她面前，母亲把吹风机往旁边一拨拉，为的是让米切尔听清她女儿念的台词。还有很多人追着她要演郝思嘉的角色，她只得一再声明，我不负责挑选演员的事情。

　　投资人一再催促，再不开拍就要撤资了，导演塞尔兹尼克却还没有找到郝思嘉的扮演者，没有一个人让他满意。直到费雯·丽一袭黑装出现在拍摄现场。神秘、野性、娇蛮的费雯·丽不就是郝思嘉嘛。导演为之惊诧，作者米切尔在看到费雯·丽的时候也大吃一惊，她觉得费雯·丽如年轻时候的自己。

　　离1939年圣诞节只剩下十天，影片《乱世佳人》终于与观众见面了。首映式选在小说《飘》的故乡亚特兰大举行，整个美国为之瞩目。当导演塞尔兹尼克、大明星费雯•丽、克拉克•盖博等人抵达亚特兰大时，从机场到酒店万头攒动，一路飘洒着五彩纸屑，内战歌曲《南方，南方》回荡在这既年轻又守旧的城市上空……在亚特兰大洛伊大剧院门前，守候在这里的人已经等了整整一天。首映式的入场券非常难得，普通百姓能在此时此地见到郝思嘉和白瑞德的扮演者已深感荣幸，更何况他们还将等来他们的玛格丽特•米切尔——《飘》的原作者——亚特兰大的骄傲。

黑色豪华轿车由警车开道直抵灯火通明的剧院门前广场，在市长的陪伴下玛格丽特来到麦克风前。主持人的介绍被一阵震耳欲聋的声浪盖住，当玛格丽特·米切尔消失在门道中时，人群里又爆发出惊雷般的喝彩声。

米切尔成名后，五花八门的报纸什么信息都有，有一家报纸竟然写着这是夫妻两人的合著，米切尔委屈地声明，这是她自己写的，甚至隐瞒了马什为她做编辑的事实。也许是因为自卑，她害怕

费雯·丽饰演的郝思嘉

她的书稿被编辑过说明她自己没有文学基础，是个文学骗子。

马什对这一切毫无怨言，但是曾有一段时间，他对米切尔和《飘》引发的热潮都相当冷淡。她住在小镇朋友家里，他不去看她，也很少写信，有一段时期，他频繁地去看自己的母亲和妹妹。

米切尔也乐得在那些她一直仰慕的名作家间周旋，忙得不亦乐乎。

所以有人说她虚伪，因为她一再强调，并不指望这本书出名，她只是随便写的，从未想过出版。也许，这也是自卑和骄傲的双重矛盾心理。

作家的第一部作品的主角往往带有自身的影子，或者是自己，或者是自己渴望成为的那个人。郝思嘉身上有米切尔年轻时候的影子，源自本能的生命力让她往前冲，无所畏惧，不再顾及礼义廉耻，为了在人群中占有一席之地，而且是耀眼的一席之地。

但是，不能确定是何种原因，骄傲的米切尔变得自卑起来，那种本能之美，自然力之美在她身上消失了。她的身上只残存着女权思想的影子。她与马什结婚后，住的那所小公寓门上挂着两个牌子，马什先生和米切尔女士，而小说出版署名时，在那个夫姓社会里，人们建议她署名：玛格丽特·马什，她否决了，坚定地写下：玛格丽特·米切尔。

她写出一个有生命力的精灵，一个竭力主宰自己命运的郝思嘉，她自己却被命运主宰了。她被名声埋葬。

她逃避读者崇拜的狂热，又到处打官司，接踵而来的版权、翻译权、盗版诉讼又把她纠缠到一系列的法律事务中。她被这本书折腾晕了。她不停地写信和回信，再也无暇顾及创作了。终其一生，除了《飘》，米切尔没有再写过任何一部小说。

"大片大片的火焰吞没了整个城市，你无论朝哪儿看，都有一片奇怪而难以形容的亮光映彻天际。"这便是作品中亚特兰大沦陷当晚的原型，当英国影星费雯·丽身着蓝色礼服，一双闪耀着荧光的眼睛，和一张满是忧虑的脸出现在人们的面前时，郝思嘉的形象已经彻底深入人心了，其实，这何尝不是米切尔自己呢？

这是一部史诗般宏大的作品。它成就了米切尔，也毁灭了她。像香奈儿、撒切尔夫人等都是控制力非常强的人，她们控制着外界，而不被外界任何事物所控制，但是米切尔缺乏这种控制力。就像一个朋友说的那样，她不喜欢谈金钱，害怕一切跟钱沾边的东西，因为她怕自己被钱控制。我说，张爱玲、三毛、亦舒都爱钱，因为钱可以买自由，甚至鲁迅也这样说，你应该控制金钱，而不是被它所控制，那样你就可以享受生活。

他们本来有很多的版税，却为了不显得势利，仍旧住在小公寓里，过着俭朴的日子，不增加仆佣和助理。马什白天工作，晚上为米切尔的业务忙到凌晨两点，他们却从未想过或者提出来让马什辞职，也不雇用几个人来打理米切尔的事务。马什的身体最终垮了，他躺在床上，几近瘫痪。

有朋友曾经冷静地建议米切尔雇用几个人，让一个团队为她打理一切，她置若罔闻。米切尔家族从不相信外人。她用她的哥哥亚历山大和父亲做她的律师顾问，可是亚历山大并不懂得版权法，在卖电影版权时吃了大亏，米切尔不怪自己的哥哥，却一再责难出书的公司与影视公司合伙欺骗了她。

结果，她本应非常幸福的生活却并不幸福。

　　马什病得几乎起不了床，米切尔自己从小到大就爱出事，不是被马压在身上了，就是被汽车撞了，连上面失手掉下一个杯子来也能砸在她的头上，砸成轻微脑震荡。

　　她预言自己必死于一场车祸。

　　1949年8月11日夜，米切尔把车停在艺术剧院对面，他们准备去看一场电影。步行过街是相当危险的，也许是为了赶时间，她

米切尔故居

搀扶着马什过马路时，一辆汽车高速驶过来，她把马什丢在马路中央，自己却往回跑，已经意识到危险的汽车司机急忙向一侧转方向盘，可是却没想到会有人跑回来。她的死很让人纳闷，仿佛是拥抱死亡。这一年她才四十九岁。

一切随风而逝，正如她的书名。

Jacqueline · Lee · Bouvier · Kennedy · Onassis

杰奎琳·李·鲍维尔·肯尼迪·奥纳西斯

杰奎琳

如果愿意，你将成为你欲望的那类人

/////////////////////////////////////

有些人是凭激情生活的，有些人是靠理智。记得茨威格的小说《一个女人一生中的二十四小时》：一个母亲跟着她的情人私奔了，扔下丈夫和孩子。一些人坐在餐桌前讨论这件事，年轻的"我"支持那位母亲的私奔，什么都不可以成为爱的阻碍，正如我前面一再强调的遵从本心，谁也没有义务为谁做出牺牲，但是一位老夫人给大家讲了一个故事，一个赌徒，没有信誉，没有尊严，完全被那股激情控制了，他不为别人负责，也不为自己负责，他成了激情的奴隶。

所以人要遵从本心，但不能失去理智。

酒神沉醉与日神清醒应该同时存在于一个人身上。

杰奎琳是靠理智生活的人。她的精明让她看透事物本质，迅速权衡，做出判断和选择。她追求内心所渴望的，享受与尊贵，即金钱与权势。她从小就受到追求时髦的爱面子的父母的暗示："社会地位和荣誉比什么都来得重要。"

她并不是那种极其美艳的女人，平板身材，两只眼睛也分得很开，但是在人群里望去，却给人一种鹤立鸡群的感觉，在远处，她优雅、娴静、骄傲的形象与众人区别开来，走近了，她聪明、幽默，有品位的谈吐又能把人吸引住。尤其是她坚定的意志和独特的眼光，让她先后征服美国最有权势的男人和富可敌国的希腊船王。

杰奎琳从不彷徨犹豫，她的人生就像一架精密仪器。目标明确，当断则断。她想要的是白马王子，就对英俊又富有的偶像式贵族男友大卫·鲁珀特说分手就分手。鲁珀特是母亲一眼相中的女婿，杰奎琳却在大学毕业那一天甩掉了这个踏实稳健痴心绝对的男友。

像电影镜头一样，两人走在机场上，突然，杰奎琳取下订婚戒指，什么也没说，只把戒指放在男友背心上兜里。冷冷的表情，冷冷地转身，两人的关系就此结束了。

有人说："如果你丢了一部iPhone 5，你爸爸知道了又给你买了一部iPhone 6，你还是会很高兴。如果你的对象跟你分手，但是你爱慕已久的男神却跟你表白，你还是会不由自主地高兴起来。其实人们并不是害怕失去，而是害怕失去以后没有更好的可以代替。"这句话虽然有些机会主义，但也不无道理，很多人害怕失去，是因为害怕再也不会有更好的属于自己，而杰奎琳有相当的自信，她相信更好的在前面等待着自己，而且，即使没有更好的，她也绝不凑合，一旦看清所爱非人，就毫不犹豫地弃置。爱我所爱，才能无怨无悔，凑合意味着埋下隐患。尤其是女人，她需要崇拜，需要仰视。

　　能够被杰奎琳看得上眼的男人很快就出现了。约翰·肯尼迪，这个比她大十二岁的男人，这个在政界正如鱼得水、扶摇直上、最年轻最有潜力的男人——杰奎琳一眼就认出了她的白马王子。但是，肯尼迪却不如鲁珀特，只属于一个人。因为优秀，所以耀眼，再加上他本来就花心得很，所以杰奎琳想要从众女人中脱颖而出，俘获肯尼迪还是需要花些功夫的。能够经得起诱惑的人更具有诱惑力，杰奎琳对肯尼迪首先使用了这一招。

　　在爱情中，真实很重要，但是为了爱（爱慕），仍旧可以使用一些手段，尤其是对肯尼迪这样流连花丛的男人。征服是一种力量的表现。杰奎琳的征服不同于优雅骄傲的莎乐美，她是主动的；也不同于霸道强硬的乔治·桑，她的主动是引君入瓮。她远远地坐在那里，冷静而自持，对肯尼迪的在场并不热心呼应，甚至有些冷淡——曾经有过多少美女或才女，想讨得他的欢心，肯尼迪从来没有受过这样的冷遇，他开始注意她了，她的发型，她的衣饰，简洁却不简单，朴实中透露着与众不同的品位，神情娴静而内潜，这让肯尼迪似乎有了点众里寻他千百度，那人却在——的感觉。肯尼迪被她深深地吸引住了。

　　这只是第一步，肯尼迪原本无意于结婚，他只想一次次享受爱情或者说艳遇，所以杰奎琳实施了一系列的步骤。

　　她做了肯尼迪的私人秘书，充分显示了自己的才华。她独自完成高难度的资料编辑，翻译肯尼迪需要的各种外国书籍，为他的客人准备午餐，与他共赴政治宴会，总之，无论肯尼迪走到哪里，她都拎包跟上。但是，这并不是说她就成了肯尼迪的人，对于他发出的约会邀请，她一再拒绝，并且与一些有名气、有财富、又很英俊的男人交往，故意让肯尼迪看到这些场面，让他居安思危，想到自己随时可能被抛弃的处境。肯尼迪再也受不住这种猫捉老鼠的游戏，不由得向她求婚了。

　　虽然如此，杰奎琳并没有马上答应，也没有拒绝，而是若无其事地去欧洲旅游了。一个月的时间，让肯尼迪饱受了辗转反侧的滋味。是被抛弃了，是被冷落了，还是无意的？不确定。没有人敢这样玩弄肯尼迪，但是杰奎琳却料定了她越是若即若离，他就会越想抓住她。从一开始，游戏的主动权就在她手上。

　　这个当时美国最优秀的男人终于成为她的丈夫，结婚的那天晚上，杰奎琳在日记中写道："我终于将参议院最有希望的男人掌握在自己手中。"

她的眼光果然锐利。

结婚三年后，肯尼迪当选总统，杰奎琳成为美国历史上最年轻的第一夫人。有所追求，有所成就，她成了她所欲望的那个人。

之前，为了肯尼迪的前途，她热心参加政治活动，在那些刚入美国国籍的选民前用法语、西班牙语、意大利语发表讲话，还写了两万多封信为肯尼迪拉选票。进驻白宫后，杰奎琳更是把自己的才华发挥得淋漓尽致。她从小受过良好的教育，对艺术和美学有相当的见识，且有很强的行动能力。她游说名流商贾出钱出力，组织古董顾问委员会，用古董和艺术品把白宫打造成豪华、美观的建筑装饰典范。亭台楼阁点缀得幽静雅致，厅堂屋舍布置得韵味十足。白宫成了美国的历史博物馆，成了美国最漂亮的房子。

连只懂得财富之门、政坛之道的肯尼迪家族中这一成员——肯尼迪，也对整个白宫产生了兴趣，他之前对房间的布置一无所知，美丑不辨，如今也变得有"品位"起来，他大为欣赏杰奎琳的"对完美与生俱来的直觉"。有一次，美国前总统门罗使用过的两张古董椅被送到白宫来，他兴奋地命人擦去椅子上的尘土，做好包装，还系上蝴蝶结，亲自把这两张椅子作为礼物送给了杰奎琳。

从某种意义上来说，你的"用心"也是爱的表达，只要看清楚自己的心，是爱，还是虚荣。袁承志真的看不清温青青那点小

1963 年 1 月 8 日肯尼迪与杰奎琳观看《蒙娜丽莎》

伎俩、小聪明？他明白她的良苦"用心"，他的妥协只是因为疼惜，而不是因为她的"计谋"得逞了。爱你的男人因为你的"用力"而心疼你。如果你不曾想方设法把他留下来，在他的心目中，很可能意味着，你不需要他，你可以失去他，你不够爱他。

也许刚开始是爱慕，是征服欲，到后来却是真爱了。当肯尼迪被刺杀，鲜血染红汽车座椅，脑袋崩裂的时候，她想都没想就跷脚站起来伸手去够他的头盖骨。唯一的念头，下意识的动作，最能体现一个人的内心。

肯尼迪死后，她甚至想过自杀。但是，最终却嫁给了富可敌国的船王奥纳西斯，这个又矮又丑的小老头，不可思议，美国举国上下为之震惊，之后便是对他们心目中这个完美的女神大加挞伐。杰奎琳过于神秘，深不可测。所以她此举一直被人们猜测，却从未被证实。

爱对方与爱自己并不相悖。肯尼迪被暗杀，他的家人也活在危险当中，船王无疑是最好的保护伞，且有那么多财富可让她与她的孩子生活无忧，这是一个明智的选择，她从不让自己陷入意气之争。

她是一个控制力非常强的人，但是每一个强悍的人背后都有脆弱的一面，一名心理医生曾评价撒切尔夫人说："脆弱是非常珍贵的一面，甚至是最美好的部分，它和丰富而细腻的情感联系在一起。当一个人排斥自己的脆弱时，他也就排斥了情感的部分。"杰奎琳并不拒绝脆弱，她只是善于掩饰脆弱，以至于录制节目的工作人员说她是个训练有素的"表演"天才。

她每次录制节目的时候都很认真，面对主持人的问题字斟句酌，如此在镜头前便是雍容典雅、落落大方，没有丝毫紧张的样子，可是在休息的时候，她不停地在抽烟，有时候甚至不小心把烟灰弹落在烟灰缸的外面。说明她的情绪并非外人看上去那么有条不紊。

若想掌控别人，首先得善于控制自己。敢于表现自己最真实的一面是强悍，能够按自己的意愿表现给人看到的那一面是另一种强悍。杜拉斯无所顾忌地活在自己的世界中是强悍，杰奎琳以极度完美的形象活在众人的目光中也是一种强悍。

她最终成了名副其实的第一夫人。先是英国人，再是美国人，都开始模仿她的举止、装扮、言谈，像她一样读书、运动，甚至学习她调动男人的技巧。她成了全美国人的偶像，美国电台广播员在天气预报之后，总要补上一句："晚安，肯尼迪夫人，不论你现在在哪里。"她的名气越来越响了……

在外交访问中，杰奎琳仍旧魅力四射，连肯尼迪自己也说："我是这次陪同杰奎琳·肯尼迪来法国旅游的一个男人。"正式访谈变成：不是她伴随丈夫，而是肯尼迪陪伴妻子，红花不是总统而是总统夫人，因为总统夫人是杰奎琳。有些女人生来不作绿叶的，记得张爱玲的小说中，葛薇龙的姑姑骂乔琪乔说："……唱戏唱到私订终身后花园，反正轮不到我去扮奶妈！吃酒，我不惯做陪客！"杰奎琳既无须撒泼，也不必使小性儿，她的出场使所有人成了绿叶。

法国前总统戴高乐就是其中一个，以挑剔闻名的他在杰奎琳面前"两腿发软，行为都不自在"，甚至羞羞答答，他完全被她俘虏了，说："杰奎琳女士对法国历史的了解程度远远超过法国本土的妇女们。她并不介入政治，但又给自己的丈夫赋予艺术和文学支持者的名声。自从认识杰奎琳以后，我对美国更加信任了。"

曾任苏联最高领导人的赫鲁晓夫深有同感地说："杰奎琳甚至在一些细微的对话中，都能表现出自己智慧的光芒。"为了讨好她，他不顾全世界实况转播，紧紧地靠在杰奎琳身边，滔滔不绝，他在她面前显得乖巧服帖。

以冷淡闻名的印度首任总理贾瓦哈拉尔·尼赫鲁殷切地邀请杰奎琳访问印度，挽着她的胳膊，还以很好玩的动作教她练习瑜伽。

而美国基督教神学者莱因霍尔德·尼布尔竟然支持了不同宗教信仰的肯尼迪，帮助肯尼迪成为美国第一位天主教总统，也全有赖于杰奎琳，莱因霍尔德一开始并不待见肯尼迪，但是见了他的妻子后全然改观，他说："杰奎琳在社会学和神学上表现出的智慧感动了我。我被杰奎琳感动了以后，便下决心支持她的丈夫。"

杰奎琳如此魅力绝非靠外貌，也不是凭第一夫人的身份，她纯粹是靠非凡的智慧和独特的行事风格，这是一种天赋，更是博览群书的结果。读书使人明智，而智"明"的结果就是让她与众不同，别具风味。

杰奎琳的别墅简直就是一个小型图书馆，不但满壁的书架上

肯尼迪、杰奎琳夫妇与突尼斯总统哈比卜·布尔吉巴，1961 年 5 月 4 日

排满了书，桌子、椅子、沙发上都堆着书，分门别类，她从年轻时候起就对阅读有着极大的兴趣，她的兴趣阅读非常广泛，连酷爱读书的肯尼迪总统都自叹弗如。

也许正因为博学多才，杰奎琳才有了发自内心的强烈自信，有一次，她邀请美国国务卿希拉里出海游玩。同行的几个人都爬到离水面十多米高的甲板上跳水，也怂恿希拉里上来试试，但是希拉里并不愿意跳水，在别人的口哨和鼓掌中无可奈何地爬上了甲板，但是又后悔了。人们齐声喊着："快往下跳，快！"她有些茫然起来，仿佛被赶上架的鸭子，杰奎琳大声喊道："希拉里别跳！我知道你不愿意跳。不管别人怎么说，你不要听他们的！"

希拉里忽然明白过来，杰奎琳说得对，尊重自己的意见才是最重要的。她还向杰奎琳诉苦说："我已经筋疲力尽了，太累了，我是不是应该向舆论屈服？"

杰奎琳断然地说道："不，希拉里，你应该做你自己。如果你将自己交给别人，别人就按照他们的意志判断和决定你。最后，别人的想法势必影响你的信心和判断力。现在更重要的是将精力集中在关键的问题上。"

也许正因为这种独立性，人与人之间的非相关性，杰奎琳才做到了对花心总统肯尼迪的不忠行为"视而不见"，肯尼迪像所有肯尼迪家族中的男人一样，风流韵事不断，大多数人都知道，怎么唯独她却毫无察觉，其实杰奎琳并不是"迟钝"，她对他的绯闻了如指掌，但却出于第一夫人的身份不能像市井妇人那样咒骂责备，她曾欲以红杏出墙来报复，却最终没有这样做。有人说这是忠贞，是爱。

但是我觉得这更多的是骄傲，她的骄傲不允许她受别人的影响，她是什么样的人就是什么样的人，不会因别人龌龊肮脏卑鄙无耻而还以龌龊肮脏卑鄙无耻的行为，她的形象是尊贵的，内心是高贵的，何以为别人而改变自己呢？！而且，如此一来，她仿佛冷冷地站在了道德的制高点上，她对他，唯有蔑视。

毕竟不是彻底不关己身的人，他的不尊重行为也曾在她心上投下阴影，但是终究不能夺去她的生命支柱，石子入水，轻波荡漾，不会伤害水的平静。"心不动，万物皆不动，心不变，万物皆不变。"这是佛家语，凡人如何做得到，杰奎琳自然也不是出于这种看破世相的心理，她更像《儿子与情人》中的米丽亚姆，对肯尼迪怀有一种类似母爱的怜惜和深藏于心的蔑视。

杰奎琳是真爱他的，尽管这种爱并不是纯粹的爱情，她曾写信给好友说：肯尼迪"即便没有高高兴兴地结婚也能度过一个多彩多姿的人生，但如果肯尼迪没有成为我的丈夫，那我的人生将毫无疑问成为一片荒原。对此，我自始至终都非常清楚"。这句话真如张爱玲笔下的白流苏，"你死了，我的故事就结束了，而我死了，你的故事还长得很。"苍凉、悲哀，也许，这个世界本来就很无奈，任你机关算尽，总有一丝"意难平"。杰奎琳与白流苏都是那种精于计算的人，竭力争取的道路上总会伴随着偶尔的失落。

杰奎琳虽然没有情人，倒有几个知己。

她与弗兰克医生有着超乎寻常的亲密关系，经常把种种不如意倾倒给心脏病医生弗兰克。

肯尼迪遇刺，民众都很同情这位守寡的前第一夫人，她每一次出场，都能引起轰动，但是没多久，她却嫁给了希腊船王亚里士多德·奥纳西斯。

举国震惊，顿时，传来一片谴责之声。他们心目中的完美偶像怎么可以嫁给这样一个身材矮小其貌不扬酷似海盗般的六十多岁的老头？！杰奎琳的行为实在让人难以理解。

人们纷纷猜测，也许是为了寻求保护。肯尼迪被暗杀后，他的弟弟总统竞选人罗伯特·肯尼迪也被暗杀，似乎肯尼迪一家已经成为暗杀的目标，杰奎琳为了保护儿女，已经做好了离开美国的决定。在肯尼迪的葬礼上，杰奎琳悲痛欲绝，并当众宣布她要离开美国，她说："我诅咒这个国家，如果他们再下毒手，我的儿女无疑将首当其冲。"肯尼迪家庭仿佛受了诅咒般，接二连三的灾祸不断，杰奎琳早已树立起很强的自我保护的意识，所以到了此时，她迅速做出了离开这个家族的决定。只是离开没有用，她需要的是保护，而奥纳西斯有足够的金钱和势力来保护她。

也许是为了金钱，希腊船王奥纳西斯是世界上有名的亿万富翁，而杰奎琳的挥霍无度也是众所周知。

杰奎琳有着疯狂的购物欲，她在做第一夫人期间，家具、时装、化妆品、室内装潢、古玩、艺术品等都是她采购的重点，她已经习惯了到最高档次的商店购物而且从来不问价钱，就因为这个，肯尼迪总统的母亲一直对她有很大的意见，她也曾因此与肯尼迪争吵过。也许在某些人看来，人生就在于那一"大撒把"的痛快。杰奎琳曾在飞机上自豪地宣布，她将要嫁给世界上最有钱的男人之一。

嫁给奥纳西斯之后，杰奎琳"10分钟内可能已进出了世界数家豪华商店，花了至少10万美元"，船王虽然富有，但有时也觉得忍无可忍，把账单摔在桌上说："尽管我是富翁，但我难以理解这个女人为什么一下子要买200双鞋？除此之外，我还得给她买成打的手袋、裙子、睡衣、外套！"第一年中她就在纽约曼哈顿购买了价值120万美元的服装，虽然公开场合船王不说什么，但私下里十分气愤：她要这么多的服装干什么！买了又不穿，我看她常常穿的是男士牛仔裤！

奥纳西斯利用她的名声和地位，同美国和世界其他各地的公司做成了更多的生意，而杰奎琳对他也并非全心全意。

有人说，第一次婚姻凭着热情，第二次婚姻凭的就是理智了。他们各有所图，彼此利用。杰奎琳也偶尔关心船王，但是更多的时间是关心自己的孩子，结婚四个星期，她就飞回纽约，同自己的孩子待在一起去了，以至于船王时时有一种被抛弃的感

杰奎琳与孩子在一起

觉，他也飞到巴黎去见老情人卡勒斯了。两人的关系越来越紧
张，奥纳西斯很清楚，杰奎琳从来也没有像卡勒斯那样，把自己
作为她生活的中心。他开始谋求离婚，但是为了不激起美国人的
强烈反应，他企图用各种造谣的方法逼杰奎琳提出离婚，还咨询
律师，但是他的希腊律师警告他说：根据希腊法律，没有合适的
理由，即使双方都愿意离婚也不被允许。离婚申请起草了几份
了，但是一问他为什么要离婚，是杰奎琳侮辱过你吗，待你不好

吗，对你不忠诚吗？都没有。他无可奈何地说：她不同我待在一起。这个理由让他没离成婚。

他的儿子不幸遇难而亡，他二十岁的女儿嫁给四十八岁的商人，他的妻子只顾无边地浪费而对他不闻不问，漠不关心……像深渊一样的冷漠，一样的孤独，船王被拖垮了。他的情人卡勒斯赶过来安慰他，见了他的样子简直吃了一惊，"奥纳西斯一个晚上就变成了一个真正的老头。"

奥纳西斯想休养一下自己的身体，请杰奎琳同行，但是杰奎琳的目的是去买一栋别墅，被船王拒绝了。回程的飞机上，船王一直在起草遗嘱：他逝世以后，杰奎琳只能每年得到25万美元生活费。此时他的生命已经摇摇欲坠，他去世前还填了一张离婚书。他的遗产杰奎琳没有得到分毫。

这是一条分离的路。第一次婚姻是因为爱情，第二次婚姻很可能是因为权衡，因为都有了自己的孩子，就有了分别心，一有分别心，人就会变得自私起来，自私导致伤害，导致家庭的裂隙，也许普通人磕磕碰碰在妥协中走完这一生，像他们，最终走到反目成仇。

　　两个人在一起并非完全是出于利用，奥纳西斯自有他独特的魅力，好莱坞著名影星伊丽莎白·泰勒就认为他是"迷人、和谐、体贴的伴侣"，他身上那种"机智的希腊海盗"般无法言说的吸引人的气质令很多女性为他着魔。而杰奎琳也被这种魅力吸引了，因为她的好友弗兰克透露，肯尼迪在世时曾乞求妻子不要跟希腊船王一起乘船出游，甚至跪下来恳求杰奎琳不要去，他怕她抵不住船王的魅力"红杏出墙"。

　　奥纳西斯一开始对杰奎琳也是百般宠爱，为她的两个孩子建造了一套别墅，还专门为她一人租了一家大剧院，陪她去看歌剧。一大早醒来总会给她一个惊喜，餐盘里藏着价值连城的珍珠项链，或者是连女王都要羡慕的八克拉钻戒，他们一起在海滩上晒日光浴，浪漫而美好。

　　童话般的日子就像泡沫，瞬间即逝。

　　杰奎琳并没有像那些傍完富豪的女人们一样随之坍塌，她自得其乐地过自己的日子。杰奎琳进入维京公司工作，职务是编辑。她本来就热爱阅读，在出版行业做起职业女性仿佛是终于找到了自己喜欢的生活，平淡近自然，年薪只有一万美元。

能屈能伸，有钱的日子可以过，没钱的日子也照样怡然自得。她从未因名气和财富迷失自我，也未曾堕落，这全有赖于她自身极高的文化修养。